Annemarie Schwarzenbach
Ein Kapitel tragische Schweizer Literaturgeschichte

Charles Linsmayer

Annemarie Schwarzenbach

Ein Kapitel tragische
Schweizer
Literaturgeschichte

Verlag Huber
Frauenfeld Stuttgart Wien

Diese Biographie Annemarie Schwarzenbachs ist eine erweiterte und aktualisierte Fassung der Darstellung von Leben und Werk der Autorin, wie sie dem Band «Reprinted by Huber Nr. 1», Annemarie Schwarzenbach, «Das glückliche Tal», erstmals publiziert im Jahre 1987, als biographisches Nachwort beigegeben ist.

Impressum © 2008 Verlag Huber Frauenfeld
an Imprint of Orell Füssli Verlag AG, Zürich, Switzerland
Alle Rechte vorbehalten
www.verlaghuber.ch

Dieses Werk ist urheberrechtlich geschützt. Dadurch begründete Rechte, insbesondere der Übersetzung, des Nachdrucks, des Vortrags, der Entnahme von Abbildungen und Tabellen, der Funksendung, der Mikroverfilmung oder der Vervielfältigung auf andern Wegen und der Speicherung in Datenverarbeitungsanlagen, bleiben, auch bei nur auszugsweiser Verwertung, vorbehalten. Vervielfältigungen des Werkes oder von Teilen des Werkes sind auch im Einzelfall nur in den Grenzen der gesetzlichen Bestimmungen des Urheberrechtsgesetzes in der jeweils geltenden Fassung zulässig. Sie sind grundsätzlich vergütungspflichtig.

Schutzumschlag von Ruedi Becker unter Verwendung eines Bildes aus dem in der Zentralbibliothke Zürich archivierten Foto-Album von Jenny Hodgskin-Wegmann.

Druck: fgb • freiburger graphische betriebe, Freiburg
ISBN 978-3-7193-1486-6

Bibliographische Information der Deutschen Bibliothek
Die Deutsche Bibliothek verzeichnet diese Publikation in der Deutschen Nationalbibliografie; detaillierte bibliographische Daten sind im Internet über http://dnb.d-nb.de abrufbar.

«Um wahrhaft schreiben zu können, müßte man die Feder im Traum führen ...»

«Mutter, denkt man – wie der Name zum Weinen verhilft! –, ich habe irgend etwas, ganz am Anfang, falsch gemacht. Aber nicht ich war es, sondern das Leben. Alle Wege, welche ich auch ging, welchen ich auch entging, endeten hier, in diesem ‹glücklichen Tal›, von dem es keinen Ausweg mehr gibt und welches deshalb schon dem Ort des Todes ähnlich sein muß.»[1]

Was wie eine mißglückte, aber vielsagende Stelle aus «Das glückliche Tal» erscheint, entstammt in Wirklichkeit den noch unmittelbar autobiographischen Aufzeichnungen, die Annemarie Schwarzenbach 1935 unter dem Titel «Tod in Persien» quasi vor Ort im persischen Lahr-Tal niedergeschrieben hat. Zusammen mit ihrem Ehemann nahm die frisch verheiratete Diplomatengattin, um der ärgsten Teheraner Sommerhitze zu entgehen, damals an einem von englischen Freunden veranstalteten Feriencamp in dem auf 2500 Meter gelegenen Hochtal am Fuße des Demawend teil.

Was hat das Leben «ganz am Anfang» wohl «falsch gemacht», wenn eine 27jährige Frau sich mitten im fröhlichen Ferientrubel eines solchen mondänen Zeltdorfes hinsetzt und in einer Art Tagebuch die aktuelle Situation als endgültige, tödliche Sackgasse ihrer ganzen Existenz beschreibt und beklagt?

Daß diese Frage beantwortet werden müsse, wenn ihr Manuskript einen Verleger und das Buch die Billigung des Lesers finden sollte – das wußte Annemarie Schwarzenbach nur zu gut, als sie im März 1936 in Sils Baselgia die Erstfassung ihres Buches nachträglich mit einer «Vorbemerkung»

---

1 Annemarie Schwarzenbach: «Tod in Persien». S. 39 in der 1995 von Roger Perret im Lenos-Verlag, Basel, als Band 5 seiner Schwarzenbach-Werkausgabe publizierten Druckfassung. Das 1935/36 entstandene Typoskript befindet sich im Nachlaß Annemarie Schwarzenbach der Schweizerischen Nationabibliothek (SNB), Bern.

versah. Der Leser werde es ihr nie verzeihen, schrieb sie da, daß darin «nirgends deutlich ausgesprochen wird, warum ein Mensch sich bis nach Persien, in ein fernes und exotisches Land, treiben läßt, um dort den namenlosen Anfechtungen zu erliegen».[1]

Obwohl alles, was Annemarie Schwarzenbach schrieb, in einem tiefen, ja existenziellen Sinn autobiographisch war[2], entfernte sie sich mit ihrer Art zu schreiben doch je länger je mehr von der direkten Selbstaussage und näherte sich immer mehr einer die unmittelbaren Fakten und Geschehnisse stark verfremdenden, überpersönlich-mythisierenden, hymnisch-rhapsodischen, traumhaft-surrealen Gestaltungsweise an. Womit sie nicht etwa auf Abwege geriet, sondern etwas der Verwirklichung näherbrachte, was ihr schon ganz am Anfang ihrer schriftstellerischen Entwicklung als Ideal erschienen war.

«Der Inhalt ergibt sich von selbst», hatte sie 1925 ihrem frühen Mentor Ernst Merz gegenüber erklärt, «aber zu schreiben, zu formen – langsam, gleichsam musizierend zu schreiben: das gibt mir ein ungeheures Glücksgefühl.»[3] Und

---

1 a. a. O., S. 10
2 «Alle ihre Arbeiten blieben bis zuletzt kaum verkappte Autobiographien ... », urteilte Carl Seelig, der sie persönlich kannte, im Zürcher «Tages-Anzeiger» vom 18. 11. 1942. Nach Fertigstellung von «Das glückliche Tal» schrieb Annemarie Schwarzenbach am 10. März 1940 Carl Jacob Burckhardt: «Mein Buch fordert die Kritik heraus, weil es persönlich ist, in einem solchen Grade, daß ich mich frage, ob ich es aus der Hand geben dürfe, und ob es richtig sei, anderen Leuten die Lektüre zuzumuten.» (Briefe an Carl Jakob Burckhardt, in Walter Fähnders/Sabine Rohlf: «Annemarie Schwarzenbach. Analysen und Erstdrucke», Aisthesis-Verlag, Bielefeld 2005, S. 260)
3 Ernst Merz, «Tradition und Einkehr. Aus nachgelassenen Schriften», Amsterdam, Castrum-Peregini-Presse, 1985, S. 85 – Im November 1930 schrieb Annemarie Schwarzenbach, die zuerst hatte Pianistin werden wollen, an Erika Mann: «Ich kann dem lieben Gott kein bißchen dankbar sein dafür, daß er mich nicht zum Musiker gemacht hat.» Zitiert nach: «Wir werden es schon zuwege bringen, das Leben». Annemarie Schwarzenbach an Erika und Klaus Mann. Briefe 1930–1942», hrsg. v. Uta Fleischmann, Centaurus-Verlagsgesellschaft, Pfaffenweiler 1993, S. 35 (im folgenden zitiert mit «Briefe».)

«um wahrhaft schreiben zu können, müßte man die Feder im Traum führen», heisst es im unveröffentlichten Typoskript «Gespräch» von 1928. «Nämlich so, daß es keine Führung wäre, sondern ein Geführtwerden. Auch im Wachen sollte es möglich sein: die Augen zu schließen und sich vollständig von Absicht, Wollen und Zwang zu befreien.»[1]

Das Überhandnehmen dieser bereits sehr früh angesteuerten «musikalischen» Tendenz – allenfalls noch, wie zu zeigen sein wird, durch die halluzinatorische Wirkung von Drogen verstärkt – hatte nun aber zur Folge, daß «Tod in Persien», als sie den Text 1938/39 von Grund auf neu gestaltete und mit dem Titel «Das glückliche Tal» versah, ihr zwar zu einem ergreifenden Klagelied auf die Verlorenheit und existenzielle Not des seinen Wurzeln entfremdeten modernen Menschen geriet, daß sie den Leser aber weiterhin im unklaren ließ, wie all das zu verstehen sei. Mit der den Text weiter verdichtenden und «musikalisierenden» Überarbeitung war jedenfalls das Dilemma, das ihr 1936 zu schaffen gemacht hatte – daß der Leser nirgends erfährt, warum sich ein Mensch solchen Anfechtungen aussetzt –, alles andere als entschärft. So beeindruckend und wirkungsvoll der Text daherkommt: er ist hochgradig hermetisch und mit dunklen Anspielungen nur so gespickt, und erst, wer die Lebensgeschichte Annemarie Schwarzenbachs kennt, wer sich ihre leidvollen Erfahrungen, ihre Irrwege und Enttäuschungen einigermaßen vorstellen kann, wer aus der Magie der Namen mehr als Musik herauszuhören vermag, wird die Bilder und Motive, Andeutungen und Querverweise befriedigend einzuschätzen und zu deuten wissen. Dann aber erscheint einem dieses schmale Buch, das Roman zu nennen man sich allemal scheut, schließlich nicht nur als das geglückteste Exemplar von Annemarie Schwarzenbachs lebenslang

---

[1] Das Typoskript «Gespräch» befindet sich im Nachlaß Annemarie Schwarzenbach der Schweizerischen Nationalbibliothek SNB in Bern. Die Typoskripte oder Handschriften aller im folgenden als unveröffentlicht bezeichneten Werke befinden sich, so nicht anders vermerkt, in dieser Sammlung.

erträumter und ersehnter Schreibweise, sondern auch als das überhöhte Schlüsselkapitel eines nicht geschriebenen, sondern durchgestandenen Lebensromans, ein Schlüsselkapitel, das alle Akkorde und Dissonanzen einer leidvollen, für eine Epoche voller Kriege und Grausamkeiten gar nicht so untypischen Existenz noch einmal aufnimmt und auf erschütternde Weise zum Klingen bringt.

«Das schönste Lebewesen, dem ich je begegnet bin» – Annemarie Schwarzenbach in den Augen ihrer Zeitgenossen

«Ihr irgendwo zu begegnen bereitete unbeschreibliches Vergnügen; ein Zusammensein mit ihr war jedesmal eine bezaubernde, festliche Angelegenheit.» So hat es Manuel Gasser[1] empfunden, «je fus du premier jour ébloui, misérablement frappé comme quelqu'un qui se sent tout à fait incapable d'atteindre ce qui lui paraît plus désirable que tout», erinnert sich Claude Bourdet an ihre erste Begegnung[2], Carson McCullers gab zu Protokoll: «Sie hatte ein Gesicht, von dem ich wußte, daß es mich bis an das Ende meiner Tage verfolgen würde ... »[3], und auch Annemarie Schwarzenbach selbst war sich bewußt: «C'est une partie de mon être: ce fait qu'on m'aime facilement ... »[4] «Annemarie übte auf Männer und Frauen gleichermaßen eine ungeheure Anziehungskraft aus», bestätigt auch ihre Schwester[5], und es waren beilei-

---

1 in «Die Weltwoche», Zürich, 20. 11. 1942
2 Claude Bourdet: «Annemarie Schwarzenbach», in: Annemarie Schwarzenbach, «Lettres à Claude Bourdet 1931–1938», Édition établie, traduite et annotée par Dominique Laure Miermont. Éditions Zoé, Genf 2008, S. 117
3 zitiert nach Bettina Augustin, «Spiegelbild im Auge der Anderen. Annemarie Schwarzenbach und Carson McCullers», NZZ, 2. Juli 2005
4 an Ella Maillart, 1. 2. 1942 (Alle zitierten Briefe an Ella Maillart befinden sich, wo nicht anders erwähnt, im Nachlaß Schwarzenbach, SNB.)
5 Suzanne Öhman-Schwarzenbach an die Carson McCullers-Spezialistin Prof. Aimée Alexander, 24. 2. 1971 (Kopie im Nachlaß Schwarzenbach, SNB)

be nicht bloß ihre Schönheit und ihr einnehmendes Wesen allein, die bezauberten, es waren ebenso ihre geistige Brillanz und ihre vielfältige Begabung, die ihr die Sympathie der Zeitgenossen einbrachten. Eine junge Frau, die mit 23 gleichzeitig den Doktor macht und ihren ersten Roman publiziert: die durfte sich auch in hochgeistigen Kreisen blicken lassen. Allein schon die Namen der Schriftsteller und Literaten, die von gleich zu gleich mit der jungen Kollegin verkehrten, deren Bekanntschaft sie aber offenbar auch ganz bewußt anstrebte[1], lassen sich zu einer spektakulären Liste zusammenfügen. Johannes R. Becher, André Malraux, Jean Giraudoux und Carson McCullers hatten ebenso selbstverständlich Umgang mit ihr wie Thomas Mann, in dessen Haus sie eine Zeitlang ständiger Gast war und in dessen Tagebüchern zwischen 1933 und 1940 über sechzigmal von ihr die Rede ist.[2] Sein Sohn Klaus Mann, mit dem sie viele Jahre lang eng befreundet war und in intimem Briefwechsel stand, überliefert auch einen Ausspruch Roger Martin du Gards, wonach dieser ihr in ein Buch die Widmung schrieb: «Pour Annemarie – en la remerciant de promener sur cette terre

---

1 Auf einen Autor wie Oskar Maria Graf, der den schwul-lesbischen Kreisen der Garçonnes und ihrer Begleiter extrem fernstand, machte Annemarie Schwarzenbach einen eher ungünstigen Eindruck. Er lernte Annemarie Schwarzenbach 1934 als Begleiterin Klaus Manns am Moskauer Schriftstellerkongress kennen und hielt in seiner erst posthum, 1974, in Darmstadt veröffentlichten «Reise in die Sowjetunion» fest: «Klaus Mann begrüßte mich als ‹Landsmann› und stellte mir seine hübsche, elegante junge Begleiterin, ein Fräulein Schwarzenbach, vor. Es handelte sich bei ihr um eine schreibende Millionärstochter aus der Schweiz, die aus Spielerei und wahrscheinlich, um sich interessant zu machen, regen Verkehr mit Prominenten pflegte und große Reisen machte.»
2 «Als sie zum erstenmal in München bei uns zu Mittag speiste, sah der Zauberer sie mit einer Mischung aus Besorgnis und Wohlgefallen von der Seite an, um schließlich festzustellen: ‹Merkwürdig, wenn Sie ein Junge wären, dann müßten Sie doch als ungewöhnlich hübsch gelten.» (Klaus Mann: «Der Wendepunkt. Ein Lebensbericht», Nymphenburger Verlagshandlung, München 1969, S. 239 – Eine der letzten Eintragungen im Tagebuch von Thomas Mann – am 9. September 1938 – lautete: «Zu Tische Annemarie Schwarzenbach. Verödeter Engel.»

son beau visage d'ange inconsolable.»¹ Eine Mystifizierung, der auch die Fotografin Marianne Breslauer, im Berlin der zwanziger Jahre *die* Fotografin der modischen «Garçonettes», Vorschub leistete, indem sie Annemarie Schwarzenbachs Gesicht, das sie ohne Vorbehalte mit dem des Erzengels Gabriel verglich, in immer neuen, von schwärmerischer Verehrung zeugenden Porträts festhielt und aus dem traurigen Antlitz, über das vielleicht nur deshalb nie ein Lächeln huschte, weil dann die unglückliche Zahnstellung sichtbar geworden wäre², auch für Menschen, die ihr nie persönlich

1 Klaus Mann: «Der Wendepunkt», a. a. O., S. 237 – Beim Widmungsexemplar handelte es sich um Martin du Gards Novellenzyklus «Confidence africaine» von 1931. Am 4. Dezember 1932 teilt Annemarie Schwarzenbach Claude Bourdet mit: «J'ai fait la connaissance de Roger Martin du Gard. Wir haben uns sehr gern gehabt.» (Annemarie Schwarzenbach, «Lettres à Claude Bourdet 1931–1938», a. a. O., S. 134) – In ihrem Brief an Anita Forrer vom 26. 11. 38 aus Yverdon (SNB, Nachlaß Anita Forrer) geht sie ganz direkt auf Roger Martin du Gards Widmung und ihr engelgleiches Gesicht ein: « ... ich habe mich – das weißt Du – immer dagegen gewehrt, erwachsen zu werden oder gar es zu sein. Das Resultat haben wir ja äußerlich: obwohl ich gewiß kein junges oder gar Kindergesicht mehr haben kann, obwohl ich auch nicht wie ein Kind lebe, sind die meisten Menschen versucht – vorausgesetzt, daß sie mich gern haben –, mich jünger zu sehen, jünger zu machen, mich als halbes Kind zu behandeln. (...) Ich möchte Dir eine Widmung zitieren, die Roger du Gard mir in eines seiner Bücher schrieb: ‹Pour lui remercier de promener sur cette terre son beau visage d'ange inconsolable.› Ich habe damals kein Wort davon verstanden und fand die Widmung einfach sehr hübsch. Jetzt aber scheint mir, ich w o l l t e es so haben (‹inconsolable› zu sein), genau wie ich ein Kind bleiben wollte: ich wollte der Verantwortung, den Bindungen, Hemmungen, Verpflichtungen, all dem entgehen, was einen Menschen teils erwachsen, teils aber nicht auch damit schon müde, bereit zur Resignation, macht. Ich wollte – um es kühn auszudrücken – unschuldig bleiben, nicht verkettet, nicht hineingepreßt unter die Bedingungen dieser Welt.»
2 Als die Schriftstellerin Catherine Pozzi (1882–1934) die mit ihrem Sohn Claude Bourdet befreundete Annemarie Schwarzenbach am 14. Juni 1933 in Paris zu einem Besuch empfing, schrieb sie dem Sohn: «Dearest, je viens de passer une grande heure avec Annemarie. Quelle beauté! Si elle avait des dents soignées, elle serait irréprochablement au-dessus de la plupart des Miss Europe.» (Annemarie Schwarzenbach, «Lettres à Claude Bourdet», a. a. O., S. 34)

«...son beau visage inconsolable» – Marianne Breslauers
1931 in Berlin entstandenes legendäres Schwarzenbach-Porträt

begegnet sind, ein faszinierendes Idol und Markenzeichen machte. Noch Jahrzehnte später, beim Abfassen ihrer Erinnerungen, ist Marianne Breslauer von jenem Enthusiasmus erfüllt, der sie bewegte, als die ersten Fotos entstanden. «Ich weiß nicht mehr, wann es genau war, daß Ruth Landshoff-Yorck mit Annemarie vorbeikam, doch ist mir noch lebhaft gegenwärtig, wie mich bei ihrem ersten Anblick schier der Schlag traf», lesen wir da. «Denn Annemarie war – ich muß es immer wieder sagen – das schönste Lebewesen, dem ich je begegnet bin. Ich habe später auch Greta Garbo kennengelernt, deren Gesichtszüge vielleicht noch makelloser wirkten, aber Annemarie war ein Mensch, von dem man zunächst wirklich nicht wußte, ob es Mann oder Frau war; wie der Erzengel Gabriel vor dem Paradiese stehend, erschien sie mir, und ich habe in den folgenden Jahren, als ich sie häufiger sah, immer wieder versucht, diesen Eindruck fotografisch festzuhalten.»[1]

Obwohl sie in vielen Ländern wie zu Hause war, fand Annemarie Schwarzenbach als Journalistin und Autorin doch in der Schweiz die nachhaltigste Wertschätzung. Carl Jacob Burckhardt, Charly Clerc, Eduard Korrodi, Arnold Kübler, Carl Seelig und viele andere Schweizer Literaten und Redaktoren bewunderten ihre Begabung, förderten sie oder druckten ihre Aufsätze und Artikel. Ella Maillart, Annemarie Schwarzenbachs Reisegefährtin auf der

---

1   Marianne Feilchenfeldt-Breslauer: «Bilder meines Lebens. Erinnerungen», Zürich, 2001, S. 130–132. Marianne Breslauer (1909–2001) war seit 1936 mit dem Kunsthändler Walter Feilchenfeldt verheiratet und lebte zuletzt in der Schweiz. – Ruth Landshoff–Yorck von Wartenburg, geborene Levy (1904–1996) war Schauspielerin («Nosferatu», 1920) und Autorin von Berliner Gesellschaftsromanen («Die vielen und der eine», 1930). Ab 1937 lebte sie in den USA und war 1939 Mitverfasserin des antifaschistischen Romans «The man who killed Hitler». Später war sie eine vielgefragte englisch schreibende Journalistin und erfolgreiche Verfasserin von Broadway-Stücken. In ihren autobiographischen Impressionen «Klatsch, Ruhm und keine Feuer» (Kiepenheuer, Köln 1963) porträtierte sie auch Annemarie Schwarzenbach.

Afghanistan-Reise von 1939, schätzte ihr eigenes bemerkenswertes Talent gering ein gegenüber demjenigen ihrer Deutschschweizer Freundin und erklärte im nachhinein, punkto Weltanschauung und Lebensführung Wesentliches von ihr gelernt zu haben.[1] Ihr ist auch die Mitteilung zu verdanken, daß Blaise Cendrars Annemarie Schwarzenbachs Qualitäten gespürt habe und darauf brannte, «sie wiederzusehen»[2].

Klaus Manns Schwester Erika Mann, die, wie übrigens auch Therese Giehse, viele Jahre lang freundschaftlich-intim mit Annemarie Schwarzenbach verkehrte, verweist in einem Brief an ihren Bruder auf einen anderen, allerdings eher unerwarteten Schweizer Verehrer ihrer als glühende Antifaschistin bekannten Freundin. Von einer verläßlichen Zeugin will sie nämlich gehört haben, daß Rolf Henne (1901–1966), der schweizerische Fronten-Führer, nur «aus dégout und eines Korbes wegen, den Annemarie ihm gab»[3], zur Front gegangen sei. Und bloß um zu zeigen, wie breit allein schon auf seiten der Männer – von den Frauen gar nicht zu reden! – das Spektrum derjenigen war, die sich in Annemarie Schwarzenbach verliebten, sei auch noch Albrecht Haushofer (1903–1945), einer der Mitbeteiligten an

---

1   Siehe die entsprechenden Ausführungen in Ella Maillart: «Auf abenteuerlicher Fahrt durch Iran und Afghanistan». Orell Füßli-Verlag, Zürich 1948. Die englische Originalausgabe war unten dem Titel «The Cruel Way» 1947 bei William Heinemann in London erschienen. Die deutsche Fassung kam 1988 im efef-Verlag, Zürich, in einer Überarbeitung (die Annemarie Schwarzenbach, die bis dahin hinter einem Pseudonym versteckt war, mit richtigem Namen anführte) unter dem Titel «Flüchtige Idylle. Zwei Frauen unterwegs nach Afghanistan» neu heraus. 2001 publizierte der Lenos-Verlag, Basel, das gleiche Buch, diesmal noch stärker auf Annemarie Schwarzenbach fokussiert, neu unter dem Titel «Der bittere Weg. Mit Annemarie Schwarzenbach unterwegs in Afghanistan». Die Zitate in dieser Arbeit folgen der deutschen Erstausgabe.
2   a. a. O., S. 36
3   Erika Mann an Klaus Mann, 1. 12. 1934. Abgedruckt in Erika Mann: «Briefe und Antworten». 2 Bde., Edition Spangenberg, München 1984, Bd. 1, S. 60

der Verschwörung des 20. Juli 1944, angeführt, dem sie 1929 einen Korb gegeben hatte[1] und der unter den Sonetten, die er 1944 im Gefängnis Moabit schrieb, berührende Verse der Erinnerung an sie hinterließ.[2]

«Nie habe ich den Trost gekannt»

Roger Martin du Gards Wort vom «untröstlichen Engel» deutet es an: Annemarie Schwarzenbach, dieser strahlende Mittelpunkt von Verehrung und Bewunderung, diese junge Frau, die mit allen Vorzügen von Schönheit und Talent ausgestattet war, der alle Wege und Möglichkeiten offenzustehen schienen – dieser vermeintliche Glückspilz war im Grunde ein tieftrauriger, unglücklicher Mensch!

«Nie habe ich den Trost gekannt», heißt es im «Glücklichen Tal». «Ich fürchte mich. Ich fürchte mich vor der Einsamkeit.»[3] Bis wenige Monate vor ihrem Tod, als sie Ella Maillart aus Afrika schrieb: «Je sais être seule maintenant, et alors retrouver le monde sans perdre les nerfs!»[4], bis zu jener letzten Lebensphase also, in der sie merkwürdig verändert erschien, litt Annemarie Schwarzenbach Unsägliches, wenn sie allein war und keinen Menschen um sich

---

1 Ende September 1929 schrieb sie Albrecht Haushofer auf seine «lyrische» Werbung hin: «Ihre kleinen Gedichte lege ich Ihnen wieder bei. Sie enthalten eine Anfrage und einen Wunsch nach Bindung: ich weiß nicht, ob Sie sich in mich hineinversetzen können, und damit einsehen, daß es für mich unmöglich ist, einen solchen Vorschlag anzunehmen? Vielleicht bin ich einfach zu jung, zu erfüllt von selbständigen Plänen –» (Nachlaß Schwarzenbach, SNB)
2 Albrecht Haushofer, «Moabiter Sonette», Berlin 1946. Das Gedicht heißt «Traumgesicht», steht auf S. 83 und beginnt mit der Strophe: «Du hast lange mich im Traum gemieden, / Du früh Verblichne. Heute warst Du da, / so jung, so unzerstört, so seltsam nah / wie damals, als zum erstenmal wir schieden.»
3 Annemarie Schwarzenbach: «Das glückliche Tal». Mit einem biographischen Nachwort neu herausgegeben von Charles Linsmayer. Reprinted by Huber Nr. 1, 1987, 6. Auflage 2001, S. 147
4 am 11. 1. 1942

spürte, der sie liebte. «Ich bin immer allein, und manchmal schreie ich nachts: ‹Gib mir einen Menschen›», steht in der 1929 geschriebenen «Pariser Novelle II»[1] zu lesen. «Mein Hunger nach Menschen ist grenzenlos», heißt es schon im bereits erwähnten unveröffentlichten Typoskript «Gespräch» von 1928, «nie werde ich hiervon die weise Kunst der Beschränkung lernen ... »

Alles, was die Protagonisten in Annemarie Schwarzenbachs autobiographisch bestimmten Texten tun, tun sie letztlich nicht um seiner selbst, sondern um der Überwindung der Einsamkeit willen. «Ich dachte, ich male gern», sagt beispielsweise der passionierte Künstler Gert in «Freunde um Bernhard» zu Ines. «Aber es war nur Bernhard, den ich gern malte. Und ohne ihn geht es nicht. Sieh dir an, was ich gemacht habe seither! Ich habe kein Talent, Ines. Ich liebe Bernhard.»[2] Nicht viel anders erging es Annemarie Schwarzenbach selbst mit ihrer Schriftstellerei. Und nur allzugut erkannte sie in wachen Augenblicken, wie monomanisch ihre Texte von der eigenen Einsamkeit und Verzweiflung handelten, während ihr, der Vielgereisten, doch eine ganze Welt zur Beschreibung und Gestaltung vor Augen lag. «Meine rechte Hand weiß nicht, was die linke tut», heißt es z. B. im 1939 entstandenen Text «Lob des Gesangs im Freien»[3], «und ich schreibe wie einer, der blind und taub ist – und doch einmal das Murmeln des Wassers vernahm, die Eisschmelze auf fernsten Gipfeln, und eines Vogels Herzschlag

---

1   Erstdruck als «Pariser Novelle» im «Jahrbuch zur Kultur und Literatur der Weimarer Republik 8», Berlin 2003, S. 11–31
2   Annemarie Schwarzenbach: «Freunde um Bernhard». Amaithea-Verlag, Zürich, Leipzig, Wien 1931, S. 62. Das Buch wurde 1993 mit einem Nachwort von Michael Töteberg im Lenos-Verlag, Basel, neu aufgelegt.
3   Es handelt sich um eine der zehn Geschichten des Zyklus «Die vierzig Säulen der Erinnerung», die Dominique Laure Miermont 2008 im zweiten Teil ihrer französischen Übersetzung auch erstmals auf deutsch veröffentlicht hat (Esperluète-Editions, Noville-sur-Mehaigne, Belgien).

erkannte unter dem schimmernden Gefieder.» Und nach einer poetischen Aufzählung all der Schönheiten der Welt mündet die Passage in die Frage: «Und du weinst? Bist diesen Augen verfallen, diesem Lächeln, der herben Anmut, und klagst alle Horizonte an deines Unglücks?»

«Vor lauter Sich-selbst die Welt nicht mehr sehen können»

Die monomanische Verstrickung in die eigene Einsamkeit und Verzweiflung nahmen bis zuletzt auch wohlmeinende Beobachter mit Erschrecken an ihr wahr. So schrieb die deutsche Journalistin Margret Boveri, die Annemarie Schwarzenbach 1942 in Lissabon kennengelernt hatte, am 23. Juli 1942 an Gert Reiß in Berlin: «Wir waren wohl in sehr ähnlichen Verfassungen aufeinander gestoßen: ich aus der Internierung in Amerika, sie aus ähnlichen Erlebnissen im Kongo; bei beiden das Weltfremde, die Gleichgültigkeit gegenüber dem Tagesgeschehen, das Auf-sich-selbst-zurückgezogen-Sein. Aber was ich bei ihr für ein einmaliges Erlebnis gehalten hatte – Auseinandersetzung und Rechtfertigung vor einer vermeintlich anklagenden Welt –, vollzieht sich in ihr offenbar in Permanenz, und das ist wohl schrecklich. Vor lauter Sich-selbst die Welt nicht mehr sehen zu können.»[1]

Hatte sich ein Mensch gefunden, der sie ihre Verlassenheit vergessen ließ, so bekamen für Annemarie Schwarzenbach die ganze Existenz und alle Lebensäußerungen sofort einen neuen, optimistischen Sinn. Selbst Persien, das Land, wo sie «fast ohne Grund traurig, niedergeschlagen, dem fröhlichen Lebensmut entfremdet»[2] sein konnte und wo sie eben noch die im «Glücklichen Tal» gespiegelte abgrundtiefe Depression durchgemacht hatte, erhielt unvermittelt wie-

---

1 «Briefwechsel zwischen Annemarie Schwarzenbach und Margret Boveri, Einleitung, Edition und Kommentar Andreas Tobler.» In: Walter Fähnders/Sabine Rohlf: «Annemarie Schwarzenbach. Analysen und Erstdrucke», Aisthesis-Verlag, Bielefeld, 2005, S. 279–295, S. 285
2 an Klaus Mann, 8. 7.1935., «Briefe», a. a. O., S. 133

Annemarie Schwarzenbach 1936 bei Marie-Louise Bodmer in Hergiswil

der seinen «alten Zauber» zurück, als sie im Herbst 1935 Barbara Hamilton-Wright kennenlernte und ihre Gefühle erwidert sah. «Barbara ist hinreißend und sehr klug, und ganz nach unserem Herzen», meldete sie am 27. September 1935 Klaus Mann. «Außerdem hat sie mich gern. Du weißt, das wirkt Wunder, und ich gewinne täglich an Lebensmut.»[1]

Wie viele Depressive, überforderte Annemarie Schwarzenbach eine sich anbahnende Beziehung alsbald durch einen totalen Besitzanspruch und geriet so in eine Abhängigkeit hinein, die das Zerbrechen des Verhältnisses oder auch nur die Angst davor zur Katastrophe werden ließ. «Ein peinliches Schicksal ließ sie alles erdrücken, was sie liebend umfaßte», urteilte Ella Maillart über die Freundin, «sie verlangte zuviel von der Liebe.»[2] War dann eine Beziehung in die Brüche gegangen, zweifelte Annemarie Schwarzenbach in abgrundtiefer Traurigkeit und Niedergeschlagenheit daran, ob Liebe und Erlösung aus der Einsamkeit überhaupt möglich seien. «Ich bin müde davon, viele Menschen zu lieben, um ihre Gegenliebe zu werben und ihre Geheimnisse zu erfahren. Letztlich bleibt man allein», heißt es schon 1928 im unveröffentlichten Text «Gespräch», und ganz ähnlich schrieb sie im Dezember 1931 Erika Mann: «Ich glaube überhaupt nicht mehr, Erika, daß es so etwas wie eine glückliche Liebe gibt, es ist immer scheußlich, ernüchternd und grenzenlos vereinsamend.»[3] Zehn Jahre später, im Prosagedicht «Die zärtlichen Wege, unsere Einsamkeit» von 1940/41, findet sich als Antwort auf die Frage «Wenn du so einsam bist, daß dein einsames, dein unmenschliches Rufen kein Echo mehr hat, willst du Zeugen? D a f ü r ?» die erschütternd pessimistische Antwort «Erstick sie doch, deine nur von Felsenöde und leer widerhallende Stimme!»[4]

---

1   a. a. O., S. 140
2   «Auf abenteuerlicher Fahrt», a. a. O., S. 34
3   «Briefe», a. a. O., S. 70
4   Die Passage aus dem 4. Teil des Prosagedichts wird nach der 1941 in Sils entstandenen Fassung b (Nachlaß Schwarzenbach) zitiert.

Das auffallendste äußere Kennzeichen des verzehrenden Hungers nach Liebe war jene Ruhelosigkeit, jene Ungeduld, jene fiebrige Spannung, die den Zeitgenossen an Annemarie Schwarzenbach immer wieder auffiel, die sie selbst als quälend empfand und in ihren Briefen und Texten stets von neuem zum Gegenstand des Nachsinnens machte. «Ohne die Spannung, die von ihr ausging, wäre es in diesem Bauernhaus ... sehr geruhsam gewesen», erinnert sich Ella Maillart an eine ihrer ersten Begegnungen mit der Freundin in deren Haus in Sils Baselgia. «Obwohl scheinbar gelassen», erschien sie ihr «mit Unruhe geladen»[1]. «Man müßte Geduld haben (und ich habe so wenig Geduld)», klagt schon der Ich-Erzähler in «Freunde um Bernhard»[2], und auch der junge Mann, dem die «Lyrische Novelle» in den Mund gelegt ist, verbringt den Tag «in einer beinahe unerträglichen Ungeduld»[3], bis er sich wieder mit Sibylle treffen kann. «Glaube nicht, daß ich Dir einen Vorwurf mache», sagt der Engel im «Glücklichen Tal» zum Ich-Erzähler. Und fährt fort: «Aber welche Ungeduld! Welch unversöhnliche, heillose Ungeduld!»[4]

Ganz zu Anfang, noch bevor sie in ihr ruheloses Gehetztsein hineingeriet, das sie von Land zu Land durch die ganze Welt trieb, hat Annemarie Schwarzenbach die Ungeduld noch nicht durchwegs als heillos empfunden, sondern zuweilen auch einen Antrieb in ihr gesehen, der die Fahrt zu neuen Ufern ermöglichen sollte. «Daß ihr beunruhigt seid, ist das Beste an euch», gibt Gérald in «Freunde um Bernhard» seinen jungen Adepten mit auf den Weg. «Ich möchte, daß ihr immer bereit seid, aufzubrechen; ihr dürft euch nicht zu leicht einem Gesetz unterwerfen, ihr dürft nicht zu rasch

---

1 «Auf abenteuerlicher Fahrt», a. a. O., S. 11
2 «Freunde um Bernhard», a. a. O., S. 132
3 Annemarie Schwarzenbach: «Lyrische Novelle», Rowohlt-Verlag, Berlin 1933, S. 16 – In seiner Werkausgabe hat Roger Perret die «Lyrische Novelle» 1988 im Lenos-Verlag, Basel, neu herausgebracht.
4 a. a. O., S. 154

seßhaft werden, ihr sollt nicht zufrieden sein.»[1] Was Gérald da vermitteln will, ist nichts anderes als jene «Tugend der geistigen Leidenschaft», die Annemarie Schwarzenbach schon 1928 im Prosastück «Gespräch» näher definiert hatte. «Glaubt mir: zuerst müssen wir Ketten zerbrechen», hieß es da, «die Ketten der Menschen und Dinge. Zuerst müssen wir die breite Straße verlassen und Irrwege gehen. Zuerst müssen wir auf die V o r s i c h t verzichten, um hilflos zu werden: So daß Raum in uns sei, denn die neue Tugend ist nicht bescheiden, sie brennt in uns als ein großes Feuer. Sie ergreift uns, in nackter Hilflosigkeit sind wir vor ihr.»

«Ist es nicht so, daß nur leidvolle Menschen groß sein können?»

Nein, vorsichtig ist Annemarie Schwarzenbach nie gewesen, von den prophezeiten Irrwegen ist ihr wohl kaum einer erspart geblieben, und doch hat sie diese alles verzehrende Unruhe und Ungeduld bis ganz zuletzt nicht in sich zur Ruhe kommen lassen. «Ich bin nicht genügsam, will jeden Tag das Einzige und Letzte», formulierte sie 1939 in einem persönlich gehaltenen erzählerischen Text[2], und Ella Maillart, die sie auf ihrer gemeinsamen Afghanistan-Reise viele Tage und Wochen lang von nahem hatte beobachten können, diagnostizierte bei ihr einen «unstillbaren Drang, der nur durch Absolutes befriedigt werden konnte»[3].

Früh schon muß Annemarie Schwarzenbach auch gefühlt haben, daß ihre tragisch-unglückliches Befindlichkeit ganz direkt verknüpft war mit den Möglichkeiten, die ihr als Autorin und Künstlerin gegeben waren. «Im Moment, da ich glücklich bin, bin ich klein wie alle, und das ertrage ich nicht», zitiert sie der früheste Zeuge ihrer seelischen Leiden, Pfar-

---

1   «Freunde um Bernhard», a. a. O., S. 188
2   «Der Aufbruch, die nie bereute Stunde» in «Die vierzig Säulen der Erinnerung», Miermont, a. a. O., S. 157–164
3   «Auf abenteuerlicher Fahrt», a. a. O., S. 219

rer Ernst Merz. «Darum will ich Größe, leidvolle Größe ... Ist es nicht so, daß nur leidvolle Menschen groß sein können?»[1]

Seit 1933, als sie das Reisen als einzige ihr zuträgliche Existenzform entdeckt hatte, war Annemarie Schwarzenbach nicht nur ideell, in ihrem Denken und Fühlen, sondern auch in konkreter raum-zeitlicher Hinsicht unterwegs nach jenem Letzten und Absoluten, das sie bei einem Menschen, in einem Land oder in einer körperlich-sinnlichen Erfahrung zu finden hoffte. Durch ungezählte frustrierende Erlebnisse zermürbt, erkannte sie allerdings nach und nach, daß das gesuchte Paradies, auch wenn sie es in gewissen begnadeten Momenten an irgend einem exotischen Ort gefunden zu haben glaubte[2], nicht in der Gegenwart oder in der Zukunft, sondern in der Vergangenheit zu suchen sei. «Wir sind ja schon lange ausgestoßen», formulierte sie z. B. 1939, «und wissen nicht einmal, aus welchem Paradies – und leben, leben, für welche Meerfahrt und zu welchem glücklichen Ende?»[3] In ihrem letzten größeren Prosawerk, dem unveröffentlichten Roman «Das Wunder des Baumes», heißt es dann 1941/42 ganz ähnlich, aber unter Hinzunahme des Motivs vom Verlorenen Sohn: «Ich kam wie alle Menschen aus Paradiesen, die unserem Gedächtnis entfallen sind. Aber unsere selbstvergessene Seele kennt sie und sucht sie. Und überall auf der Welt, wo ich die Spuren jener frühen Unschuld wieder erkannte, da war ich gerührt, da war ich der Verlorene Sohn und der Bruder, da liebte ich...»[4]

---

1 Ernst Merz: «Annemarie Schwarzenbach», in ders., «Tradition und Einkehr». a. a. O., S. 83–94, S. 89
2 Am Strand von Byblos z. B., den sie nicht nur im «Glücklichen Tal», sondern auch in «Winter in Vorderasien» (Rascher-Verlag, Zürich 1934, S. 74) als «vollkommenen Platz, dem Paradies benachbart», beschrieb. Auch «Winter in Vorderasien» ist vom Lenos-Verlag, Basel, 2002 neu herausgebracht worden.
3 «Die Steppe» im Zyklus «Die vierzig Säulen der Erinnerung», Miermont, a. a. O., S. 135–141
4 «Das Wunder des Baumes», Typoskript im Nachlaß Schwarzenbach, SNB, S. 344. Die Stelle ist dem Protagonisten Marc in den Mund gelegt.

Man tut Annemarie Schwarzenbach sicherlich nicht unrecht, wenn man dieses verlorene Paradies, aus dem man «ausgestoßen» ist, das man vergessen will und das sich einem doch immer wieder in Erinnerung ruft, weitgehend mit dem Land der Kindheit identifiziert. Zu häufig besingt und betrauert sie in ihren Texten die verlorene Kinderheimat: die Hügel am oberen Zürichsee. Bocken, das Vaterhaus, die Obhut der Mutter. Zu zahlreich sind vor allem in den Arbeiten der letzten Jahre die Stellen, wo sie ausführlich oder wenigstens andeutungsweise jene unvergeßlichen «Erinnerungen, Vertrautheiten, Tröstungen»[1] heraufbeschwört. Eine glückliche Kindheit also, eine, die sie gewissermaßen als ein Bodensatz positiver Erfahrungen über die schlimmsten Abgründe ihres Lebens hinüberzutrösten vermochte und für immer unveräußerlicher Besitz war? Und das seltsame Wort, das wir einleitend zitierten, jene Klage, daß das Leben «ganz am Anfang» etwas «falsch gemacht» habe, so daß später alles in eine tödliche Sackgasse münden mußte? Ob sich wohl in ihrer Kindheit und Jugend Erklärungen, Gründe und Voraussetzungen für Annemarie Schwarzenbachs späteres Schicksal finden lassen?

Bocken 1912–1925: das Kinderparadies für eine Herrenreiterin ...

Die Familie und das Milieu, dem Annemarie Schwarzenbach entstammte, schienen von allem Anfang an die denkbar besten Voraussetzungen für ein sorgenfreies, glückliches Leben in Wohlstand und Sicherheit zu bieten. Alfred Emil Schwarzenbach (1876–1940), einer der wohlhabendsten Industriellen der damaligen Schweiz, Inhaber oder Mitinhaber von Seidenwebereien in Thalwil bei Zürich und

---

1 «Das glückliche Tal», a. a. O., S. 56/56: Himbeerpflücken für das Mittagessen, Geruch von Melonen, in der Küche riesige Pfannen voll frisch eingekochter Kirschen, Brombeeren, Aprikosen, und was noch ... Erinnerungen, Vertrautheiten, Tröstungen – ein trockenes Grasbüschel in der Wüste ist zuviel!»

24. April 1911, «Sechseläuten», Annemarie (links) und Suzanne

«Im grünen Winkel» 1912: Annemarie (links) und Suzanne

in anderen Teilen der Welt[1], konnte seine Kinder in einer Umgebung aufwachsen lassen, wie sie die meisten Schweizer nur aus Märchen oder Romanen kennen. Das Landgut Bocken oberhalb von Horgen am Zürichsee, das er 1912 mit seiner Familie bezog, war eine richtige kleine Schloßanlage mit einem aus dem 17. Jahrhundert stammenden großzügigen Hauptgebäude, mit einem Gutshof, mit Stallungen und einem prächtigen, 91000 Quadratmeter großen Park mit prächtigem Blick sowohl auf die Glarner Alpen als auch auf die in der Ferne erkennbare Stadt Zürich – ein zugleich rustikales und nobles Idyll, das zu jener Zeit noch einsam inmitten von Feldern, Wiesen und Wäldern lag. Kein Wunder, daß ein Mensch, wenn er sich daraus vertrieben fühlen muß und in psychischer Bedrängnis lebt, sich später solcher Herrlichkeiten erinnert!

Annemarie Schwarzenbach war am 23. Mai 1908 in Zürich zur Welt gekommen und hatte ihre ersten Lebensjahre mit ihrer älteren Schwester Suzanne (*1906) und dem ältesten Bruder Robert-Ulrich (*1904) – er litt an schwerer Aphasie und wurde ab 1910 außer Haus in Pflege gegeben – im Zürcher Familienwohnsitz «Im grünen Winkel» am Parkring verbracht. 1911 war ihr Bruder Alfred Friedrich geboren worden, 1913, als man bereits auf Bocken wohnte, kam Hans, der jüngste Bruder, dazu.

Alfred Emil Schwarzenbach konnte es sich leisten, seine Tochter Annemarie, die sich zuerst zu einem musikalischen Wunderkind zu entwickeln schien und Pianistin werden wollte, 1915, nach einer schweren Scharlach-Erkrankung bei der Primarschule Horgen abzumelden und sieben Jahre lang von einer privaten Hauslehrerin, einem Fräulein Zweifel, unterrichten zu lassen. Die Sekundarschule besuchte sie

---

[1] Zusammen mit seinen beiden Brüdern leitete Alfred Schwarzenbach seit 1905 die Firma Robt. Schwarzenbach & Co, die Fabrikationsbetriebe in der Schweiz, in Deutschland, Frankreich, Italien und in den USA betrieb und 1912 bei einem Umsatz von 77 Millionen Franken als größtes Seidenfabrikationsunternehmen der Welt 7300 Webstühle betrieb.

Bocken, Juli 1916: Annemarie spielt Soldat.

1923–1925 an der Privatschule Dr. Götz-Azzolini an der Merkurstrasse in Zürich-Hottingen. Durch die Wandervogel-Bewegung, in deren Zeitschrift 1925 ihre allerersten Publikationen erschienen[1], kam sie in Kontakt mit dem jungen Pfarrer Ernst Merz, dem sie angesichts eines keineswegs konfliktfreien Verhältnisses mir ihrem Elternhaus ihr Vertrauen schenkte und von dem sie sich 1925 auch konfirmieren ließ. Merz, der homosexuell war, hatte, wie die heute in der Schweizerischen Nationalbibliothek aufbewahrten Briefe dokumentieren, Verständnis für ihr Ringen mit der gleichgeschlechtlichen Liebe und machte sie mit dem Werk Stefan Georges bekannt, das sie später als Studentin intensiv studieren und das zusammen mit demjenigen von Rilke maßgeblichen Einfluss auf ihre eigene lyrische Produktion ausüben sollte.[2] Merz wurde auch ins Vertrauen gezogen, als die Mutter Annemarie 1925 nach einer harschen Auseinandersetzung um eine allzu intime Mädchenfreundschaft ins Hochalpine Töchterinstitut Fetan verschickte, wo sie 1927 als eine der besten Schülerinnen die Matura machen sollte. «All diese selbstherrlichen, zu erwachsenen und beinahe kranken Ideen sollen mir eben abgewöhnt werden», mutmaßte sie, als sie Merz vom Entscheid berichtete.[3]

1 Ihr erster Artikel hieß «Über die Freundschaft» und erschien im Juni 1925 in Nr. 11/12 der Verbandszeitschrift «Wandervogel». Im Oktober des gleichen Jahres publizierte sie einen Artikel mit dem Titel «Zur Mädchenfrage», in dem sie sich über die mangelnde Wertschätzung der jungen Mädchen in der eher von jungen Männern dominierten Bewegung aufhielt. Gleich anschließend ist eine Antwort von Vren Högger abgedruckt, die Annemaries Vorwürfe bestreitet und mit den Sätzen beginnt: «Zuerst muß ich sagen, daß Annemarie seit einem halben Jahr an keinem Nestabend mehr teilgenommen hat, nie mitgekommen ist auf eine Fahrt oder einen Mädchengautag, deshalb kein Mädchen im Wandervogel kennt und so nicht Einblick in unsern Mädchenbund haben kann.»
2 «Unter den Bildern meines Zimmers in Paris dominiert Stefan George, und ich werde versuchen, nur gute, starke und fruchtbare Geister um ihn zu versammeln.» (An Ernst Merz, 23. Dezember 1929, Nachlaß Ernst Merz, SNB)
3 am 11. Oktober 1925, Nachlaß Merz, SNB

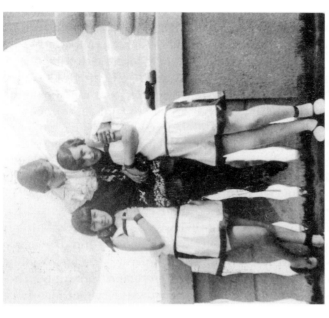

Zwei Bilder vom Maskenball der Fetaner Schülerinnen am 27. Januar 1927: Annemarie Schwarzenbach in ihrem Kostüm und zusammen mit Hilde Hoppe und Ula Hecht.

«Sie ruiniert mich mit ihrer Liebe» – Annemarie Schwarzenbachs Verhältnis zu ihrer Mutter Renée

Sehr viel schwieriger, komplexer, aber auch intensiver als diejenige zum Vater ist Annemarie Schwarzenbachs Beziehung zur Mutter gewesen. Renée Marie Schwarzenbach, geborene Wille (1883–1959), Tochter von Ulrich Wille, dem Oberbefehlshaber im Ersten Weltkrieg, war eine bekannte Concours-Reiterin, gehörte zu den Stützen des vornehmen Zürcher Kultur- und Gesellschaftslebens, vergaß nicht einen Augenblick, daß sie im Unterschied zu den neureichen Schwarzenbachs eine geborene Wille-von Bismarck war, und tat alles, um das Gut Bocken zu einem weit leuchtenden gesellschaftlichen Mittelpunkt zu machen, in dem nicht nur Springreiter, hohe Offiziere und Politiker wie der spätere Hitler-Stellvertreter Rudolf Heß[1], sondern auch Musiker und Schriftsteller wie Richard Strauss, Arthur Honegger, Siegfried Wagner, Arthur Nikisch, Bruno Walter, Wilhelm Furtwängler, Othmar Schoeck, Hermann Hesse und Thomas Mann gerngesehene Gäste waren. Rechnet man noch den Dauergast Nr. 1, die deutsche Sängerin Emmy Krüger, hinzu, mit der Renée Schwarzenbach hinter der Fassade einer scheinbar intakten Ehe jahrzehntelang eine den engsten

---

1 Renée Wille, die in Paul Ilgs gegen den deutschfreundlich-militaristischen Wille-Clan gerichtetem Roman «Der starke Mann» 1917 als Herrenreiterin Renée Steiger porträtiert ist, stand schon im 1. Weltkrieg auf deutscher Seite und machte in den dreißiger Jahren aus ihrer Sympathie für die Nazis kein Geheimnis. «Hätte ich deutsche Söhne zu erziehen», zitiert Alexis Schwarzenbach («Die Geborene, a. a. O. S.163) eine Briefstelle seiner Urgroßmutter von 1919, «ich würde ihnen erzählen von der Schmach, die man ihrem Volk zugefügt hat, bis ihnen der Gedanke in Fleisch und Blut lebte.» Erika Mann, der sie der lesbischen Beziehung zu Annemarie wegen Hausverbot erteilt hatte, schrieb am 18. April 1933 Eva Hermann: «Annemarie ist in Berlin und lieb, während Frau Schwarzenbach, derzuliebe die Prügelstrafe für Schweizerdamen eingeführt werden müßte, stramme Nationalsozialistin wurde und ich, als ‹kommunistisches Flüchtlingsgesindel› ihr Haus nicht mehr betreten darf. In die Fresse!» (Erika Mann: «Briefe und Antworten», München 1988, S. 36)

Auf dem Zürichsee, 22. Juli 1930: Renée Schwarzenbach mit Tochter Annemarie

Familienmitgliedern durchaus geläufige lesbische Beziehung pflegte, so ist es tatsächlich schwierig zu ergründen, wo denn da für die in vielerlei Hinsicht so ähnliche Tochter Annemarie noch ein rebellisches oder zumindest selbständig zu beackerndes Potential gelegen haben könnte. «Meine Mama hat ganz einfach zuviel Initiative und Energie für sich gepachtet», klagte sie 1932 Erika Mann, «und man fühlt sich überhaupt nicht veranlaßt, selbst noch etwas davon aufzubringen.»[1] Überblickt man die zahllosen Text- und Briefstellen, in denen von Annemarie Schwarzenbachs Verhältnis zu ihrer Mutter die Rede ist, so kommt man zur Erkenntnis, daß sie sich innerlich wohl nie ganz von dieser Frau hat lösen können, obwohl die Gegensätze bisweilen fast unüberbrückbar waren und obwohl Renée Schwarzenbach sich 1941, nach dem mit der offiziellen Ausweisung beendeten «Debakel» Annemaries in Amerika, radikal von der einst schwärmerisch verehrten und eifersüchtig behüteten Tochter abwandte. Erst 2004 ist dank den Recherchen von Annemarie Schwarzenbachs Großneffen Alexis Schwarzenbach ein Dokument zugänglich geworden, das auf diese schwierige Mutter-Tochter-Beziehung gleißend helles Licht wirft. In einem mehrseitigen Text, den Annemarie Schwarzenbach auf Veranlassung von Dr. Oscar Forel 1935 in der Klinik Prangins über ihre Mutter schrieb, heißt es unter anderem: «Über meine Mutter zu schreiben, ist der Anfang aller Dinge, aber auch haarscharf das Schwierigste, nein: Unangenehmste, was Sie von mir verlangen konnten. (...) Sie ist ganz gut und ganz böse, und ihre Rede ist so, wie es in der Bibel steht, ja, ja und nein, nein. Sie ist ‹primitiv›, weil sie ihr Urteil absolut setzt, aber sie ist kompliziert, weil sie ja leidet. Sie leidet zum Beispiel an mir. Und dann ist sie hilflos. (...) Meine Mama ist nur Herz, Impuls, Reaktion. Dieses letzte Wort beweist: sie ist auch *Opfer*. Und hier setzt mein Mitleid ein. (...) Sie ruiniert mich mit ihrer Liebe. Sie hat

---

1 am 27. 3. 1932. Annemarie Schwarzenbach, Briefe, a. a. O. S. 76

Annemarie trug als Mädchen am liebsten Lederhosen.
Oben: im Juni 1917 auf Bocken mit Bruder Hans,
unten: im Herbst 1917 auf der Rigi.

mich wie einen Buben erzogen, und wie ein Wunderkind. Sie kennt jede meiner Regungen wie ihre eigenen, die sie nie ausgelebt hat. (...) Sie ist eine ebenso schlechte Pädagogin gewesen, wie sie sich für eine ausgezeichnete hielt – aber ich konnte ihr nie ausweichen, weil ich immer schwächer war als sie und mich doch wieder, weil ich argumentieren konnte – stärker fühlte als sie, das heißt im tieferen Recht fühlte. Und weil ich sie liebe.»[1]

«Sie hat mich wie einen Buben erzogen»: In dieser Hinsicht scheint sich Annemarie Schwarzenbach tatsächlich ganz im Sinne ihrer Mutter entwickelt zu haben. Und was bis vor kurzem nur wenige Eingeweihte, nämlich die, die Zugang zu Renée Schwarzenbachs fotografischem Werk hatten, in seinem ganzen Ausmaß überblicken konnten, ist dank den Publikationen von Alexis Schwarzenbach nun für jedermann einsehbar: die Heranbildung und Entwicklung Annemarie Schwarzenbachs zu einer betont unweiblichen, jünglingshaften jungen Frau, wie sie ganz offenbar nicht nur einem Wunschtraum, sondern auch einer eigenen genuinen Veranlagung ihrer Mutter entsprach. In allen möglichen Verkleidungen – als Page, als Rosenkavalier, als Hirtenknabe, Matrose, kleiner Soldat oder zumindest in Lederhosen – hat Renée ihre Tochter fotografiert, vielfach mit einem nicht anders als erotisch zu nennenden Blick und auch dann noch, als das Modell sich ganz offensichtlich gegen das Fotografiertwerden sträubte.[2]

Ihre Mutter habe als Mädchen, ähnlich wie später Annemarie, sehnlichst gewünscht, ein Junge zu sein, erinnerte sich

---

[1] Zitiert nach Alexis Schwarzenbach, «Die Geborene. Renée Schwarzenbach-Wille und ihre Familie», Verlag Scheidegger & Spiess, Zürich 2004, S. 312/313

[2] Ausser im bereits erwähnten Band «Die Geborene» sind diese Bilder im 2005 bei Scheidegger & Spiess erschienenen Band Renée Schwarzenbach-Wille, «Bilder mit Legenden» und vor allem im großformatigen Prachtband Alexis Schwarzenbach: «Auf der Schwelle des Fremden. Das Leben der Annemarie Schwarzenbach», Collection Rolf Heyne, München 2008, praktisch vollzählig einzusehen.

Bocken, Februar 1922: Annemarie als Rosenkavalier

Annemarie Schwarzenbachs Schwester, Suzanne Öhman, 1987 in einem Gespräch, «und diese Wünsche übertrug sie wohl unbewußt auf meine Schwester, in der sie von Anfang an ihr Ebenbild sah, das Kind, das ihr entsprach. Darum zog sie sie gerne als Buben an, nannte sie spielerisch ihren Pagen Karl-Otto und unterstützte überhaupt das Bubenhafte an ihr und die Schwärmereien für weibliche Wesen.»[1]

Was Veranlagung war, was spielerisch eingeübt und anerzogen, das läßt sich im nachhinein nicht mehr auseinanderdividieren. Jedenfalls: die Weichen waren gestellt, und wenn 1944 in einem Nachruf zu lesen stand, «als Enkelkind General Willes» habe Annemarie Schwarzenbach «den drolligen Wunsch» gehabt, «auch General zu werden»[2], so hatte diese Anekdote durchaus einen ernsthaften Hintergrund. Auch als erwachsene Frau noch betonte Annemarie Schwarzenbach ihre jünglingshafte Statur und Physiognomie mit allen Mitteln: sie trug Hosen, als dies noch als «unweiblich» galt, rauchte viel und öffentlich, sprach starken Spirituosen zu, galt als tollkühne Autofahrerin[3], Schwimmerin, Skifahrerin und machte durch abenteuerliche, äußerst strapaziöse Reisen in schwer zugängliche, abgelegene Länder von sich reden. Dieses Verhalten, vor allem aber natürlich auch ihre entsprechende äußere Erscheinung, verfehlte die Wirkung auf die Mitmenschen keineswegs.

1   Das Gespräch fand am 24. Februar 1987 in Suzanne Öhmans Haus in Meilen statt. – Renée Schwarzenbach versuchte nicht nur ihre Tochter nach ihrem Ebenbild zu prägen, sie wollte sie auch nach ihrem frühen Tod auf ein ganz bestimmtes Bild festlegen, indem sie ihre intimen Tagebücher und die Briefe ihrer Freunde und Freundinnen vernichtete und indem sie über Veröffentlichungen, die ihre Tochter betrafen, eine Zensur ausübte. So mußte Ella Maillart, wie sie dem Verfasser im Sommer 1987 erzählte, 1947 auf Veranlassung der Familie Schwarzenbach zwei Sätze aus «The Cruel Way» eliminieren, die sich mit der Rolle der Mutter im Leben Annemaries befaßten.
2   Marta Morf in «Meyers Modeblatt» Nr. 24, Zürich, 10. 6. 1944
3   Was übrigens auch wiederum auf ihre Mutter zutraf, die nach Auskunft von Alexis Schwarzenbach («Die Geborene», a. a. O., S. 230) 1928 an der Seestraße in Kilchberg ein neunjähriges Kind zu Tode fuhr, ohne daß ihr deswegen der Fahrausweis entzogen worden wäre …

Auf Bocken, hier im Februar 1920, kommandierte Annemarie ein statusgerecht uniformiertes «Pagencorps».

Annemarie und Gundi Wille,
mit der zusammen sie später studieren sollte.

«… die tragische Größe der Androgynie …»

Versucht man nämlich die bewundernden Äußerungen, wie sie in privaten Zeugnissen und öffentlichen Würdigungen immer wieder anzutreffen sind, auf einen gemeinsamen Nenner zu bringen, so stößt man neben den sich oft wiederholenden Hinweisen auf Annemarie Schwarzenbachs radikale Offenheit, auf ihre Gerechtigkeitsliebe, ihren Unabhängigkeitsdrang und ihren melancholisch wirkenden Ernst vor allem immer wieder auf Schönheitsbezeichnungen wie «jünglingshaft schlank und graziös», «schmalhüftig», «lieblich pagenhaft», «engelhaft», «knabenhaft» usw. Ella Maillart, die ihr erst relativ spät begegnete, hat ihre äußere Erscheinung und deren Ausstrahlung wie folgt umschrieben: «Die Anmut ihres zarten Körpers, die blassen Schläfen, welche die Nachdenklichkeit ihres Gesichts betonten, wirkten ungemein stark auf jene, die von der tragischen Größe der Androgynie angezogen werden.»[1] Daß Annemarie Schwarzenbach in dieser Haltung und Erscheinung als allem Fraulich-Mütterlichen abholder, stark dem Jünglingshaften zuneigender, aber dennoch graziöser, sanft wirkender Typus vor allem lesbisch veranlagte Frauen ansprach, überrascht ebenso wenig wie die Tatsache, daß auch ihre männlichen Verehrer, inklusive ihr Ehemann Claude Achille Clarac, alle mehr oder weniger der Homosexualität zuneigten.

Zumindest seit den ersten erhaltenen schriftstellerischen Versuchen, also seit 1928, ist nachweisbar, daß Annemarie Schwarzenbach, die in Briefen mehrmals bedauert, daß sie «kein Junge» sei[2], sich ihrer androgynen Veranlagung und Ausstrahlung nicht nur voll bewußt war, sondern diese Konstellation auch akzeptiert und mit all ihren Folgen gesucht und gepflegt hat. Sieht man vom damit eng verknüpften Ge-

---

1 «Auf abenteuerlicher Fahrt», a. a. O., S. 12
2 z. B. am 14. 7. 1934 an Klaus Mann: «… daß es mit Maud nicht besser ausgehen kann, liegt daran, daß ich nicht lustig genug und kein Junge bin mit Rennbooten oder Fliegerdiplom» («Briefe», a. a. O., S. 119)

Für Hermann Hallers Statuette einer androgynen Frau
könnte Annemarie Schwarzenbach Modell gestanden haben.
Jedenfalls befand sie sich bis zuletzt in ihrem Besitz.

neralthema Einsamkeit einmal ab, so sind ihre schriftstellerischen Arbeiten bis 1933 nichts anderes als eine unablässige Auseinandersetzung mit den Problemen der gleichgeschlechtlichen Liebe. Verteilt auf vielerlei zumeist nur mangelhaft charakterisierte Figuren, die fast alle bloß eine Vorliebe oder eine Eigenschaft der Verfasserin zu verkörpern haben, wird in diesen Erzählungen immer wieder von neuem dargestellt, wie ein junger Mensch aus seiner schmerzlich empfundenen Vereinsamung heraus in die Beziehung mit einem gleichgerichteten, brüderlichen bzw. schwesterlichen Partner flieht oder wie er den Verlust eines solchen idealen Alter egos zu verschmerzen sucht.[1] Nachdem die frühen unveröffentlichten Texte mit ihrer allzu direkten Darstellung der lesbischen Liebe offenbar bei der Familie Anstoß erregt hatten[2], trat sie der leichten Indentifizierbarkeit ihrer Figuren mit der eigenen Person dadurch entgegen, daß sie männliche Ich-Erzähler bzw. Protagonisten einführte. Erstmals geschah dies in der «Pariser Novelle III» vom Herbst 1930, und fortan blieb sie dieser Verfremdung in allen Arbeiten mit Ausnahme von «Tod in Persien» mehr oder weniger treu. Weil sie jedesmal ihre ganz persönliche, eben doch weibliche Gefühlswelt in sie hineinlegt, wirken diese Gestalten allerdings, zumindest was ihre geschlechtsspezifische Physiognomie anbelangt, als autonome Figuren hochgradig unglaubwürdig.[3]

1   Am unzweideutigsten ist die lesbische Liebe in einer Erzählung von 1928 dargestellt, die 2007 von Alexis Schwarzenbach aus einem bis dahin als zusammenhangsloses Fragment eingeschätzten Manuskript im Nachlaß gewonnen wurde. Sie beginnt mit den Worten «Eine Frau zu sehen ... » und wurde von Schwarzenbach 2008 unter diesem Titel im Zürcher Verlag Kein & Aber veröffentlicht.
2   In der «Pariser Novelle II» ist dargestellt, wie die Protagonistin einer lesbischen Beziehung wegen von den Eltern gemaßregelt wird.
3   Gesa Mayer tritt diesem eher literaturkritischen denn soziologischen Befund in «Queere Freunde um Bernhard» (Fähnders/Rohlf, «Annemarie Schwarzenbach», a. a. O. S. 63–77) im Sinne der «Queer Theory» entgegen und erkennt in «Freunde um Bernhard» einen «ziemlich queeren (sic) Beitrag zur Destabilisierung der Heterosexualität privilegierenden Zweigeschlechtlichkeit» (a. a. O., S. 76).

Annemarie am 7. Februar 1923 auf Bocken

18. Mai 1924: General Wille mit Enkeln (stehend: Annemarie)

Obwohl die Mutter die Entwicklung geradezu provoziert hatte, war man auf Bocken natürlich konsterniert, als sich allmählich zeigte, wohin das alles führte. Nicht genug, daß Annemarie Schwarzenbach sich trotz ihres idealen Leichtgewichts als Reiterin höchst ungeschickt anstellte – in den erhaltenen Briefdokumenten sind mehr Nachrichten über zum Teil sehr schwere Stürze zu finden als solche über irgendwelche Parcours-Erfolge! –, sie dachte, ins heiratsfähige Alter gekommen, auch nicht im Traum daran, irgendeine «glänzende Partie» zu machen. Und was das schlimmste war: die attraktive Gutsherrentochter brachte ihre Familie zunehmend mit skandalösen lesbischen Liebschaften und später gar mit Geschichten von Alkoholexzessen, Drogenvergiftungen und Selbstmordversuchen ins Gerede!

Bevor es in politischer Hinsicht zu einer unzweideutigen Distanzierung kam, war es aber keineswegs so, daß die Tochter etwa offen gegen ihre Eltern rebelliert hätte. Es waren vielmehr die Eltern, die mit dem Verhalten ihrer Tochter nicht mehr einiggingen, während diese selbst alle Vorteile ihrer reichen Herkunft – Geld, Beziehungen, Reputation, feudale Lebensweise, Reisemöglichkeiten usw. – voll ausnützte und darauf wohl auch nie ernsthaft verzichten wollte bzw. konnte. Ob ihre abgrundtiefe Traurigkeit, ihre Lebensangst, ihre Beziehungsschwierigkeiten und die Furcht vor dem Alleinsein direkt oder indirekt eine Reaktion auf die Anforderungen des Elternhauses waren, ob sich ihre Rebellion also sozusagen nach innen wandte, ist schwer zu beurteilen. Annemarie Schwarzenbach selbst scheint es jedenfalls nicht so empfunden zu haben, sonst wären ihre schrecklichsten Depressionen, ihre hoffnungslosesten Anfälle von Verzweiflung wohl kaum mit solcher Konsequenz von einem sehnsüchtigen Heimweh nach der Mutter begleitet gewesen. Noch 1942, nachdem sie mitten im Krieg auf ausdrücklichen Wunsch der Mutter die Schweiz hatte verlassen müssen und in Afrika eine bedrückende Zeit durchzustehen hatte, weinte die 34jährige buchstäblich aus Heimweh nach der Mutter. «Ich empfand auch, daß ich Trost brauchte»,

21. August 1925 Bayreuth:
Annemarie Schwarzenbach mit Isolde Wagner

4. September 1926, Bocken: Annemarie zu Pferd

notierte sie damals in ihrem unveröffentlichten Manuskript
«Beim Verlassen Afrikas», «und daß nichts in der Welt mir
nahe genug, mir verwandt und ähnlich genug sei, damit ich
Trost und Vertrauen finden könnte – außer in jenen unbestechlichen und tiefen Beziehungen, die ein Teil von uns
sind. Ich weinte aus Heimweh nach meiner Mutter ...»[1]

Parallel geschaltet: Studium und literarisches Debüt

Obwohl sie dank ihrem eigenen Auto – damals eine ziemliche Rarität unter den Studierenden – von Bocken aus an die
Universität fahren und so zu Hause wohnen konnte, bedeutete nach der erfolgreichen Matura in Fetan die Aufnahme
eines Studiums an der Philosophischen Fakultät der Universität Zürich am 3. November 1927 dennoch einen ersten
Schritt auf dem Weg der Loslösung von der Mutter. «Ich
konnte ihr nie ausweichen, weil ich immer schwächer war
als sie und mich doch wieder, weil ich argumentieren konnte – stärker fühlte als sie, das heißt im tieferen Recht fühlte», wird sie 1935 in Prangins formulieren und damit sehr
deutlich jene intellektuelle Überlegenheit ansprechen, die
sie als erste akademisch gebildete und mit einem Doktortitel ausgestattete Frau der Familie ihrer Mutter gegenüber in
Anspruch nahm und die das Konfliktpotential selbstredend
nicht verkleinerte, sondern vergrößerte. Zudem: an der Universität fand sie neue Freundinnen und trat sie mit Leuten
wie Carl Jakob Burckhardt in Kontakt, die sie nicht nur wissenschaftlich, sondern auch literarisch förderten, denn als
Studentin begann sie sich gleichzeitig immer ernsthafter als
Schriftstellerin zu fühlen und entwickelte sie ihre diesbezüglichen Fähigkeiten bis hin zu jenem Punkt, an dem sie
ihre Texte – in guten, von Selbstzweifeln freien Momenten
– für druckreif hielt, so daß 1931 ihre Dissertation praktisch
zeitgleich mit ihrem ersten Roman erscheinen konnte. Die

---

1 «Beim Verlassen Afrikas», unpubliziertes Typoskript im Nachlaß
 Schwarzenbach SNB, S. 64

Winter 1930 in St. Moritz: Annemarie Schwarzenbach (3. von links) mit der Familie von Stockar

Parallelität von Studium und eigenem Schreiben dürfte für letzteres aber auch nicht unbedenkliche Konsequenzen gehabt haben.

Annemarie Schwarzenbach studierte zunächst zwei Semester in Zürich und wechselte im Herbst 1928 zusammen mit ihrer Cousine und Mitstudentin Gundula Wille für ein Jahr an die Sorbonne in Paris über, wo sie trotz intensiver Teilnahme am Großstadtleben die von Einsamkeit und Melancholie geprägten «Pariser Novellen» schrieb. Auf das Wintersemester 1929/30 kehrte sie nach Zürich zurück und besuchte nun neben denjenigen ihres Hauptfachs Geschichte auch literaturwissenschaftliche Seminare und Vorlesungen bei Emil Ermatinger und Robert Faesi. Der letztere, bei dem sie über Hofmannsthal und George Seminararbeiten schrieb, gehörte wie sie selbst der Zürcher Geld-Aristokratie an und verstand sich, eine Zeitlang sogar als Präsident des Schweizerischen Schriftstellervereins, ebenfalls als Schriftsteller. Wenn ihn mit dem ansonsten mehr als nur ungeliebten Kollegen und Ordinarius Emil Ermatinger etwas verband, dann seine strikte Ablehnung all jener Literatur, die sich nicht einer idealistischen Ästhetik des Schönen, Guten und Wahren verpflichtet sah. Obwohl sie ihre germanistische Abschlussarbeit 1931 dann erstaunlicherweise über Georg Trakl schrieb[1], war sie während ihres Studiums jedenfalls mit einer Literaturauffassung konfrontiert, die Naturalismus, Impressionismus und Expressionismus als Fehlentwicklungen[2] denunzierte und den Dichter zum Genie und zum Künder des göttlichen Wortes verklärte, statt den durch den Weltkrieg erzwungenen radikalen Paradigmenwechsel ernst zu nehmen und sich mit Brecht, Döblin, Hauptmann, Hesse, Jahnn, Kafka, Kaiser, Musil, Schnitzler oder Tucholsky auseinanderzusetzen. Die Mentorschaft des

---

1   Auch diese Arbeit ist inzwischen veröffentlicht worden: in den «Mitteilungen aus dem Brenner-Archiv 23», 2004, S. 61–81.
2   Vgl. dazu: Robert Faesi, «Gestalten und Wandlungen schweizerischer Dichtung». Amalthea-Verlag, Wien 1922.

Winter 1930 St. Moritz: Annemarie Schwarzenbach
zusammen mit ihrer Freundin und späteren
Sekretärin Marie-Louise Bodmer

konservativen Aristokraten Carl Jakob Burckhardt[1] tat ein
übriges, und so verwundert es nicht, daß Annemarie Schwarzenbachs Schriftstellerei bei aller inhaltlichen Provokation
formal bis zuletzt konventionell-traditionalistisch blieb, im
Tiefsten der Auffassung vom Dichter als Künder des göttlichen Worts verpflichtet war und ein gestalterisches Raffinement im Sinne von George und Rilke tatsächlich die einzige
realisierbare Chance blieb, über bloße Selbstbekenntnisse
bzw. einen literarisch ambitionierten Journalismus hinauszukommen.

Seltsamerweise führte auch der Aufenthalt in Berlin, den
sie nach erfolgreichem Studienabschluß und der Drucklegung ihrer Dissertation «Beiträge zur Geschichte des
Oberengadins»[2] antrat, nicht zu einem Schulterschluß mit
der avantgardistischen jungen deutschen Literatur, sondern
zu einer ersten schmerzlichen Arbeits- und Identitätskrise.
«Die neu gewonnene Freiheit ist viel schwieriger zu ertragen und in jeder Hinsicht viel schmerzlicher, als ich dachte»,

1   Carl Jacob Burckhardt (1891–1974), Schwiegersohn des rechtslastigen Welschschweizer Schriftstellers und Salazar-Anhängers Gonzague de Reynold, war seit 1929 Geschichtsprofessor in Zürich. 1937 wurde er Hoher Kommissar des Völkerbunds in Danzig, wo Annemarie Schwarzenbach ihn besuchte. Burckhardt vermittelte den Kontakt zum Wiener Amalthea-Verlag, wo auch Bücher von Ermatinger und Faesi erschienen waren und wo der an sich schlecht ins Verlagsprogramm passende Roman «Freunde um Bernhard» 1931 mitten in einer schweren Liquiditätskrise gegen die Zahlung einer offenbar ziemlich großen Garantiesumme publiziert wurde. (Siehe dazu Andreas Tobler, Einleitung zu «Briefe von Annemarie Schwarzenbach an Carl Jacob Burckhardt», in Fähnders/Rohlf, «Annemarie Schwarzenbach», a. a. O. S. 229–231.)
2   Auch diese 1931 auf Antrag von Karl Meyer angenommene Doktorarbeit ist 2006 «aus Anlaß des 75. Erscheinens dieser wichtigen Zürcher Dissertation/Phil.I» (sic) von Hanspeter Manz, Buchantiquar in Zürich 4, «in einer kleinen, limitierten Privatausgabe» faksimiliert nachgedruckt worden. Am 2. Dezember 1930 schrieb Annemarie Schwarzenbach Erika Mann («Briefe», a. a. O., S. 38): «Inzwischen war ich 3 Std. mit Thee bei meinem Professor Meyer, der meine Dissertation begutachtet – nicht, als ob er unzufrieden wäre, aber zu ändern gibt es mancherlei u. dazu eben fehlt mir der Mut.»

Annemarie Schwarzenbach im Winter 1930 beim
Eisfeld von St.Moritz

Winter 1930: «Annemarie holte uns ab mit dem Mercedes zum
Skijöring nach Sils» (Legende im Photoalbum M.-L. Bodmers)

klagte sie im August 1931 Carl Jacob Burckhardt. «Denn in Paris studieren heißt ja noch lange nicht, sich entscheiden müssen, es ist noch immer die einfach-gesicherte Lebensform, der enge Kontakt mit zu Hause, die Vorschrift der Beschäftigung, die Gebundenheit an Ort und Zeit – Jetzt überfallen mich von allen Seiten die Wahlmöglichkeiten, jeder Schritt ist Entscheid und Verantwortung, zur Arbeit bin ich nicht gezwungen, und welche Depression, wenn etwas mißlingt, welch dauernder Zweifel an sich selbst und am eigenen Urteil!»[1] Neun Monate später, am 15. Mai 1932, schrieb sie dem gleichen Adressaten: «Ich sehe immer mehr ein, daß meine jetzige Lebensweise – die eines nicht ganz sattelfesten Literaten – mir zwar leicht zur Gewohnheit werden könnte, mich aber doch sehr unglücklich macht.»[2] Und ersparte natürlich ihrem ehemaligen Professor die ganze Wahrheit, die auch das immer bedrohlicher werdende Drogenproblem, das aufreibend-kräftezehrende Berliner Nachtleben und die nicht endenwollende Kette von immer neuen Frauenfreundschaften und lesbischen Liebschaften[3] hätte mit umfassen müssen, die mit Namen wie Maria Daelen, Lisa von Cramm, Mopsa Sternheim, Marianne Breslauer, Hanna Kiel, Ruth Landshoff-Yorck und vor allem Ursula von Hohenlohe verbunden waren, welch letztere

---

1 «Briefe an Carl Jacob Burckhardt», a. a. O. S. 246
2 a. a. O., S. 253
3 Im Gespräch mit Areti Georgiadou hat Marianne Breslauer 1992 angedeutet, daß der rasche Wechsel der Beziehungen damit zusammenhing, daß sie ununterbrochen die Probleme mit ihrer Mutter thematisierte. «Das war ja unerschöpflich bei Annemarie, unerträglich möchte ich sagen, das war auch allen Menschen unerträglich, und das war auch ihr Debakel im Leben, weil sie eben eigentlich zu jedem immer mit ihren Problemen kam, und jeder hat sie dann beruhigt und hat gesagt, so schlimm ist das doch nicht, und du bist doch so begabt, und es ist doch so herrlich, was du tust, und dann war man eigentlich am Ende, und alles war gut, und dann sagte sie Adieu, und in dem Moment, wo sie draußen stand, fing alles wieder von vorne an.» (Areti Georgiadou: «‹Das Leben zerfetzt sich mir in tausend Stücke›. Annemarie Schwarzenbach. Eine Biographie», Campus-Verlag, Frankfurt 1995, S. 105)

Annemarie Schwarzenbach

Freunde um Bernhard

Amalthea-Verlag

sie nach dem Zusammenbruch des Verhältnisses in ihrem zweiten gedruckten Opus, der 1933 bei Rowohlt in Berlin erschienenen «Lyrischen Novelle», zusammen mit der ganzen Morbidität, Pikanterie und Langeweile der Berliner schwul-lesbischen Szene porträtiert hat.[1] Kennengelernt und eingeübt aber hatte Annemarie Schwarzenbach diese Verhaltens- und Lebensweisen in der Begegnung mit einem fast gleichaltrigen prominenten Geschwisterpaar, von dem sie allen Krisen und Schwierigkeiten zum Trotz bis an ihr Lebensende nicht mehr loskam, ja das ihrer Halt- und Ruhelosigkeit vielleicht sogar hätte Grenzen setzen können, wenn es die leidenschaftliche Liebe erwidert hätte, die sie selbst ihm bis zur Selbstverleugnung entgegenbrachte.

Faszinierende Gegenwelt:
der Kreis um Erika und Klaus Mann

Als Kind schon scheint Annemarie Schwarzenbach die auftretenden Konflikte sozusagen schriftstellerisch bewältigt zu haben. Ihre Schwester jedenfalls erinnert sich, sie habe schon früh «Geschichten und Märchen» geschrieben. «Unangenehme Erlebnisse fanden so ihren Niederschlag und quälten sie nachher nicht mehr.»[2] Und in einem Beitrag für die März-Nummer 1939 der Frauenzeitschrift «Annabelle» heißt es: «Schon als Kind hatte ich die Neigung, alles aufzuschreiben, was ich sah, tat, erlebte und empfand. Mit neun

---

1   Dies, obwohl Ursula von der Hohenlohe Annemarie Schwarzenbach gleichermaßen wie übrigens auch Carl Jacob Burckhardt eindringlich davon abgeraten zu haben scheint, sich weiter in der Weise zu «outen», wie sie es in «Freunde um Bernhard» getan hatte. «Ob es mir wohl endlich gelingen wird, Erika, erwachsen zu werden», fragte Annemarie Schwarzenbach Erika Mann in einem Brief vom 9. November 1931 aus Rheinsberg während der Arbeit an der «Lyrischen Novelle». «Das sehr kluge Kind Ursula hat mir gesagt, ich sollte kein zweites Buch wie den ‹Bernhard› schreiben, und wenn ich nicht so maßlos verwöhnt und verzogen wäre, hätte ich es wohl nicht gedruckt.» («Briefe», a. a. O., S. 67)
2   an Aimée Alexander, 24. 2. 1971, a. a. O.

Bocken, 19. September 1931:
Annemarie vor der Abfahrt nach Berlin

Jahren schrieb ich in ein liniertes Heft meinen ersten Roman; da ich wußte, daß Neunjährige von den Erwachsenen nicht ernst genommen werden, ließ ich den Helden elf Jahre alt sein.»[1] Seit den Zeiten der Wandervogel-Bewegung ist Annemarie Schwarzenbachs Schreiben dokumentierbar, mit dem Studienanfang 1927 erwachte das Bestreben, Literatur nicht nur zu studieren, sondern aus einem ganz persönlichen Empfinden auch selbst hervorzubringen, und es kommt darum nicht ganz unerwartet, daß die Konflikte mit dem Elternhaus just dann offen auszubrechen begannen, als sie mit 22 Jahren Anschluß an einen Kreis fand, dem der Umgang mit Literatur eine Selbstverständlichkeit war und wo man nicht bloß für die Schublade, sondern für die Öffentlichkeit schrieb: der Kreis um Erika und Klaus Mann, der einem zugleich auch den Zugang zum damals berühmtesten Romancier deutscher Zunge, zum großen «Zauberer» Thomas Mann, ermöglichte.[2]

Dieses locker-bohèmehafte, moralisch freizügige, unbürgerlich-mondäne und doch geistreich-geniale Milieu, das schon bald eine wichtige Rolle im Kampf gegen Hitler spielen sollte, übernahm für die frustrierte, innerlich zutiefst unglückliche Bürgerstochter Annemarie Schwarzenbach gleich von Anfang an die Position einer verführerisch at-

---

1 «Interview ohne Reporter», zitiert nach: Annemarie Schwarzenbach, «Auf der Schattenseite. Reportagen und Photographien», hrsg. v. Regina Dieterle und Roger Perret, Lenos-Verlag, Basel 1990, S. 11–13, S. 11
2 In einer Aussage, die Erika Mann am 20. November 1934 im Zusammenhang mit dem «Pfeffermühle»-Skandal der Stadtpolizei Zürich zu Protokoll gab und die Alexis Schwarzenbach in «Auf der Schwelle des Fremden», a. a. O., S. 225 faksimiliert wiedergegeben hat, heißt es: «Annemarie Schwarzenbach, die ich früher nicht kannte, schrieb mir eines Tages, vor ungefähr 3 oder 4 Jahren mag das gewesen sein, daß sie mich kennenlernen möchte. Sie kam dann nach München und besuchte mich. Sie wollte Schriftstellerin werden und legte Wert darauf, meinen Bruder Klaus und mich über unsere und ihre schriftstellerischen Arbeiten zu sprechen. Daher verkehrte sie viel im Hause meiner Eltern Thomas und Katharina Mann.»

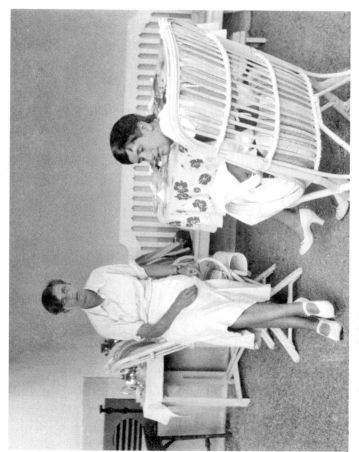

Annemarie Schwarzenbach und Erika Mann 1931 auf Bocken

traktiven Gegenwelt zu all dem, was sie an Erfahrungen von zu Hause mitbrachte und was ihr an Zukünftigem von dorther bestimmt war. Gleich schon in den ersten Briefen, die sie von Bocken aus nach München schreibt, geht Annemarie Schwarzenbach auf den Konflikt mit ihren Eltern ein und gibt der als «Bruder Eri» angeredeten Freundin zu verstehen, wie sehr sie darunter leidet.[1] Die Auseinandersetzungen, die Annemarie Schwarzenbach bald darauf dann Erikas wegen mit den Eltern und insbesondere mit der Mutter durchzustehen hatte, unterscheiden sich im übrigen kaum von jenen Konflikten, die ausbrechen, wenn eine Tochter aus sogenannt gutem Hause einen den Eltern nicht genehmen Freier heiraten will. Und die Liebe, die sie zu Erika Mann hinzog, steht in ihrer Leidenschaftlichkeit einer heterosexuellen Verliebtheit um nichts nach. Fast täglich wanderten schmachtende, klagende, bittende Liebesbriefe nach München oder Berlin, und dem aufmerksamen Leser dieser Korrespondenz wird bald einmal klar, daß die Beziehung sehr einseitig gewesen sein muß. Annemarie Schwarzenbach hängte sich mit der ganzen Verzweiflung ihrer inneren Vereinsamung an die Schauspielerin und angehende Schriftstellern, während diese selbst sich das verwöhnte «Kind Annemarie», wie sich die Absenderin selber bezeichnete, nach einer kurzen intensiveren Phase zunehmend auf Distanz hielt, die Kontakte auf kurze Zusammenkünfte reduzierte oder ihnen bewußt auswich. Obwohl Annema-

---

1   Die Korrespondenz, von der nur Annemarie Schwarzenbachs Briefe erhalten sind (die Gegenbriefe wurden von Renée Schwarzenbach 1942 vernichtet), fängt im September 1930 an und endet am 22. November 1941. Der zweite Brief beginnt Anfang Oktober 1930 («Briefe», a. a. O., S. 18) mit dem Satz: «Weißt Du, Erika, daß die Zustände hier von Tag zu Tag an Unerträglichkeit zunehmen?» Die damalige Verstimmung ging aber (noch) nicht auf das Verhalten Erika Manns zurück, die sie als Tochter des «Zauberers» zunächst wohlwollend aufgenommen hatte. Vielmehr wirkten die Kontroversen um Annemaries letzte «Verliebtheit» nach: derjenigen zum mit George befreundeten deutschen Dramatiker Karl Vollmoeller, dem sie im September 1930 ohne Wissen der Mutter nach Venedig nachgereist war.

Erika Mann im Mai 1933 in Le Lavendou

rie Schwarzenbach ihr Liebeswerben ganz gezielt auch auf Klaus Mann[1] ausdehnte und sogar Thomas Mann so oft als möglich besuchte, gelang es ihr jedenfalls ebensowenig, in diesem Kreis wirklich Aufnahme zu finden, wie sich vom Elternhaus tatsächlich zu lösen. Sie blieb für die erfolgverwöhnten Dichterkinder eine Randerscheinung, die man nicht wirklich ernst zu nehmen brauchte[2], deren man sich aber immer erinnerte, wenn Geldknappheit herrschte, wenn man günstig reisen oder wohnen wollte. So war z. B. das Jäger-Haus in Sils Baselgia, das Annemarie Schwarzenbach vom Herbst 1934 an mietete, für die Geschwister Mann immer wieder ein gern genutzter Zufluchtsort. Und von jenem Moment an, als sie den Geschwistern das Honorar für den von ihr am 16. 12. 1930 im Rahmen der Zürcher Studentenschaft organisierten Dichterabend aus der eigenen Tasche vorstreckte[3], machte sie nicht nur Erika, sondern bald und in sehr viel stärkerem Maße auch Klaus Mann regelmäßig finanzielle Zuwendungen. Zudem sponserte sie nicht nur die von ihr mitbegründete Exil-Zeitschrift «Die Sammlung», die Klaus Mann zwischen September 1933 und August 1935 bei Querido in Amsterdam herausbrachte, sondern sie gehörte

---

1 Dieses Verhältnis, das weniger leidenschaftlich, aber von einer sanften Zärtlichkeit bestimmt war, fand 1934 eine Hommage in Klaus Manns Roman «Flucht in den Norden». «Dem Mädchen Johanna gab ich, in diskret-verspielter Weise, die Züge und Gebärden unserer Schweizer Freundin, der lieben und schönen Annemarie.» (Klaus Mann, «Der Wendepunkt», a. a. O., S. 332)
2 In den Briefen an ihre Mutter sprach Erika Mann von einem «störrischen Unglücksengel», dessen «höhere Unvernunft» keinerlei Grenzen kenne («Briefe und Antworten», a. a. O., Bd. 1. S. 100, S. 104). Auch Klaus Manns Darstellung in «Der Wendepunkt» (a. a. O., S. 237 f., 491 u. a.) porträtiert das «Schweizerkind» bei aller Sympathie aus einer zwar humoristischen, aber unverkennbar herablassenden, überlegenen Position heraus.
3 Das geht aus den Briefen hervor, die Annemarie Schwarzenbach zwischen dem 23. 12. 1930 und Anfang Januar 1931 an Erika Mann schrieb.

auch 1940 wieder zu den Geldbeschaffern[1], als er in New York für ein knappes Jahr die englisch geschriebene Fortsetzung «Decision» edierte.

Nicht um des Vergnügens willen: der Griff zur Droge

Daß die Beziehung zu Erika und Klaus Mann in dieser einseitigen Form Annemarie Schwarzenbachs Sehnsucht nach Geborgenheit nicht stillen konnte, liegt auf der Hand. Und noch viel weniger konnten das die anderen, in immer rascherer Folge aufgenommenen und wieder gescheiterten Liebschaften zu weiteren Frauen leisten. Dafür aber lernte sie in der Umgebung der Geschwister und bald auch durch diese selbst eine ihr bis anhin unbekannte Möglichkeit kennen, den Depressionen wenigstens vorübergehend zu entkommen: das Rauschgift. Aus dem Briefwechsel mit Erika Mann geht ziemlich eindeutig hervor, daß sie durch eine Freundin der Geschwister, durch Mopsa Sternheim, die Tochter des Dichters Carl Sternheim, im Herbst 1932 in Berlin erstmals mit Morphium in Kontakt kam. Kurz danach, auf der Heimreise nach Bocken, wo sie mit den Eltern Weihnachten feiern sollte, griff Annemarie Schwarzenbach in München auch schon gemeinsam mit Klaus und Erika Mann zur Droge. Und nun scheinen sich bereits erste Anzeichen einer gefährlichen Abhängigkeit eingestellt zu haben, die bald nicht nur Morphium, sondern auch Kokain und das stark süchtig machende opiumhaltige Analgetikum Eukodal betraf. Am 6. Januar 1933 jedenfalls schreibt Annemarie Schwarzenbach von St. Moritz aus an Erika Mann, sie habe bezüglich der «Sünden» «ernste Erwägungen und ebensolche Anfechtungen» hinter sich. «Nämlich, Erika, Liebling, ich will, kann, mag es nicht in der ruinösen vorweihnachtli-

---

1 «An der Richtigkeit des Projekts ist nicht zu zweifeln, mir scheint auch, es sollte durchführbar sein. Laß mir ein wenig Zeit für die reichen Bekannten, ich berichte Dir bald wieder.» (Annemarie Schwarzenbach an Klaus Mann, 1. 8. 1940, «Briefe», a. a. O., S. 184)

chen Art weitertreiben. S o charakterfest bin selbst ich nicht, um es auch nur halbwegs gefahrlos tun zu dürfen. Und, mit Dir und Kläuschen war es meiner Festigkeit angemessen. Ich würde mir das ungern verderben ... Ich werde es auch, in Berlin und wo es sei, nicht mehr anders tun, als wenn Du dabei bist. Ich hoffe, das so einzuhalten.»[1]

Obwohl es ihr durch eiserne Willensanstrengung immer wieder vorübergehend gelang, davon loszukommen, und obwohl sie vermutlich in den letzten anderthalb Lebensjahren tatsächlich «clean» war, spielte die Droge von diesem Zeitpunkt, also vom Jahreswechsel 1932/33 an, eine bestimmende, nicht wegzudenkende Rolle im Leben von Annemarie Schwarzenbach. Mit der Droge bekämpfte sie ihre Depressionen, ihre Angst vor dem Alleinsein, ihre plötzlichen Anfälle von Verzweiflung und Lebensüberdruß. Das Rauschgift sollte sie also nicht in ferne Traumwelten entführen, sondern ihr sozusagen das Leben hier und jetzt, die Einordnung in einen normalen Alltag ermöglichen. Selbst ihrer Mutter hatte sie klargemacht, daß sie nicht um des Vergnügens willen, sondern in der Folge «einer tödlichen Lebensangst»[2] zur Droge greife. Ella Maillart gegenüber erklärte sie 1939, sie nehme die Droge nur, «um ihre Qualen zu vergessen»[3]. Weil sie aber ständig das Gegenteil von dem erreichte, was sie zunächst gewollt hatte, weil die Droge sie, statt sie zu stabilisieren, für ein aktives Leben und das erstrebte sinnvolle Engagement untauglich machte, raffte sie sich auch immer wieder neu auf, um dem Teufelskreis zu entkommen. Sie begab sich freiwillig zu Entziehungskuren

---

1   «Briefe», a. a. O., S. 83
2   laut Brief an Klaus Mann vom 22. 5. 1938 («Briefe», a. a. O., S. 168): «Sie (die Mutter) weiß es, daß Thun (Codewort für Morphium) nicht primär, sondern die Folge einer tödlichen Lebensangst sei, und jener Neigung zum Entgleiten, die mich in das persische Abenteuer trieb, und einer Sucht ins Dunkle, die wir beide, Du und ich, nur allzugut kennen.»
3   «Auf abenteuerlicher Fahrt», a. a. O., S. 124

Annemarie Schwarzenbach auf einer Brücke
im spanischen Lerma, Mai 1933

nach Prangins, Yverdon oder Samedan, und in ihren Briefen beschwor sie den gleichfalls drogenabhängigen Klaus Mann: «Es lohnt sich nicht!»[1]

Schreiben als Fruchtbarmachen von Traurigkeit

Natürlich spielt in den Beziehungen zu Klaus und Erika Mann von Anfang an das Schreiben eine zentrale Rolle, und die Briefe, die Annemarie Schwarzenbach den beiden schrieb, spiegeln ihre diesbezügliche Entwicklung in all ihren Phasen. Daß ihr die berühmten Kollegen aber wirklich geholfen hätten, eine ihr persönlich angemessene schriftstellerische Ausdrucksform zu finden – danach forscht man allerdings vergebens. Es entsteht im Gegenteil der Eindruck, als habe Annemarie Schwarzenbach auch in dieser Hinsicht an der Freundschaft mehr gelitten als gewonnen. Und natürlich stellt sich auch die Frage, ob ihr in dieser Hinsicht überhaupt hätte geholfen werden können. Was sie schrieb und zum Teil sogar wie sie schrieb, war ja so sehr auf ihre eigenen intimen Erfahrungen, ihre ganz persönliche Weltsicht und ihr höchst problematisches Talent eingeengt, daß ihr von außen kaum jemand wirklich helfen und raten konnte, ohne ihre Möglichkeiten zu überfordern oder ihr Können unangemessen zu strapazieren.

Schreiben war für Annemarie Schwarzenbach zunächst einmal eine Art Therapie: ein Mittel, um Seelenängste einzudämmen und Krisen zu meistern. Schon als Kind hatte sie ja, wie ihre Schwester berichtet, Märchen und Geschich-

---

1   «Klaus, mein sehr Lieber – ich benütze den ersten halbwegs erträglichen Augenblick dieses grausigen Tages, um Dir zu sagen: es lohnt sich nicht – keine Vergnügungssucht und keine moralische Leere, die man sich erleichtern will. Es ist zu entsetzlich nachher. Ich mag es Dir nicht schildern, aber schlimmer kann nichts sein, und ich würde lieber sterben, hätte ich nicht soviel bare, glaubenslose, blinde Vernunft zu glauben, nein, zu wissen, daß es ja zu überstehen ist.» (am 17.11.1935, aus der Klinik Prangins während eines Entzugsversuchs, «Briefe», a. a. O., S. 141)

ten verfaßt, um «unangenehme Erlebnisse» zu verarbeiten. Eine Funktion, welche das Schreiben für sie auch später in sehr ausgeprägter Form beibehielt. Daß man sich nach einem Tag im Kreise der Familie auf sein Zimmer zurückziehen und «plötzlich wieder schreiben» könne, das sei, schrieb sie Erika Mann im August 1931, «wie eine Bestätigung des Lebens. Eine ganz irrationale Bestätigung».[1] Nachdem man eine gute Seite geschrieben habe, meinte sie im folgenden Brief der gleichen Adressatin gegenüber, sei man «getröstet» und gehe «eitel-erhaben seines Weges»[2]. Schon 1928, im unveröffentlichten Typoskript «Gespräch», war sie sich des ursächlichen Zusammenhangs zwischen ihrer Art zu schreiben und ihrer Anfälligkeit für depressive Stimmungen bewußt geworden. «Seltsam ist es», heißt es da, «daß ich nur dann zu schreiben vermag, wenn ich traurig bin. Nicht müde und leer von Enttäuschung – dann hilft nur Zwang und eisernes Wollen der Arbeit. Davon aber stirbt die Sprache. Nein, nicht solcher Art ist die Traurigkeit. Sie e r f ü l l t mich, schwer lastet sie auf mir und dringt in mich, denn ihre Substanz ist zart und dicht, ähnlich wie der leichtschwebende, verhüllende Schleier der Braut. Und so wird die Traurigkeit fruchtbar in uns, denn das, von dem wir erfüllt sind, drängt nach Geburt.»

Schreiben als Fruchtbarmachen von Traurigkeit – das war in der Tat Annemarie Schwarzenbachs eigentliche, überzeugende Begabung, wie sie im «Glücklichen Tal» eine eindrückliche Bestätigung gefunden hat. Wenn solche Traurigkeit sie erfaßte, dann konnte sie, vielfach sogar ohne Alkohol oder Drogen, in eine Art Trance hineingeraten, deren schriftstellerischer Niederschlag dann ebenjene rhapsodisch-klagende Schreibweise ist, die ihren besten Texten eignet. Gleichzeitig aber fühlte sie dann immer auch, daß das, was sie schrieb, eigentlich nicht für die Augen der Welt

---

1 «Briefe», a.a.O., S. 56
2 am 19. August 1931, «Briefe», a. a. O., S. 57

bestimmt sei, daß ihre Sprache, wie es an bezeichnender Stelle im «Glücklichen Tal» heißt, «nicht verstanden werden» dürfe, daß ihre Klage, um ein Letztes an Schwere zu erreichen, ungehört verhallen müsse: «Ich beginne zu begreifen, ja, für die Dauer eines Augenblickes begreife ich, daß meine Sprache nicht verstanden werden darf! – Ich will kein Gehör finden, meine Lieder sollen verhallen, keine Orakel sollen mir antworten, keine eleusischen Mysterien mir enthüllt werden, der Rauch meiner Opfer soll nicht aufsteigen.»[1]

Das Ringen mit dem «Gefühl des Nichtkönnens»

Sobald Annemarie Schwarzenbach jedoch den Bereich dieser intim-persönlichen Lebensklage verließ, sobald sie zu erfolgreichen schreibenden Zeitgenossen und ihren Produkten in Konkurrenz treten, eine Figur erschaffen und psychologisch glaubwürdig machen, eine Geschichte erfinden oder einer literarisch gängigen Form genügen sollte, stieß sie rasch an die Grenzen ihrer Begabung, stellte sich jenes «Gefühl des Nichtkönnens» ein, von dem in ihren Texten und Briefen so auffällig häufig die Rede ist. Im bereits erwähnten «Gespräch» von 1928 heißt es dazu beispielsweise: «Ich habe, als ich wahllos schöne Bücher las und mich nicht zwang, schwer geschriebene literarische und philosophische Werke zu verstehen, besser und leichter geschrieben als heute. Das Gefühl des ‹Nichtkönnens› war noch nicht stark genug, die eigenen Worte zu ersticken.» Ende November 1930, kurz nach ihrem ersten öffentlichen Auftritt als Schriftstellerin, berichtete sie Erika Mann von einer lobenden Äußerung Carl Jacob Burckhardts über ihr schriftstellerisches Talent, empfand selbst aber gleichzeitig «ein scheußliches Gefühl der Unfähigkeit» und brach in die Klage aus: «Erika, allen Ernstes! Was tut man, wenn jede

---

1 «Das glückliche Tal», a. a. O., S. 95

Annemarie Schwarzenbach, Bocken, Sommer 1933

Begabung versagt. Auf was hin lebt man dann ... Ich habe niemals gedacht, daß es so niederdrückend sei, nicht schreiben zu können.»[1] Auch als sie dafür schon einen Verlag gefunden hat, spricht sie am 17. Februar 1931 Erika Mann gegenüber noch immer von den «Zweifelsqualen», die ihr Erstling «Freunde um Bernhard» ihr verursache.[2] Und am 19. August gleichen Jahres braucht sie mit Bezug auf das gleiche Buch und ihr Alter ego Gert, der die Erfahrungen mit übernommen hat, den Ausdruck «Qual der ‹Talentlosigkeit›».[3]

Von der Mühe, die ihr das Schreiben ganz offenbar zeitlebens bereitet hat, handelt auch die persönlich gehaltene einleitende Erzählung des Zyklus «Die vierzig Säulen der Erinnerung» von 1939, «Cihil Sutun». In Erinnerung an den Aufbruch aus Persien im Herbst 1935 heißt es da, sie habe damals beschlossen, nie wieder in dieses Land zurückzukehren. «Es schien mir auch selbstverständlich», fährt sie dann fort, «daß ich nie wieder eine Feder in die Hand nehmen, ein Blatt Papier beschreiben würde. Dieser Beruf schien mir zu beschwerlich, ein beständiges Spiegelbild unseres unerlösten Daseins, das ich ja auch nicht hinnehmen und ertragen wollte. Immer aufs neue der Morgenstunde, dem Tag, der immer wieder entfremdeten Welt begegnen, sie berühren und dem erschütterten Herzen ein einziges Wort abringen – und wissen: das ist nicht von Dauer, das ist der Augenblick des Abschieds, schon vergessen. Du aber mußt, während du noch erschöpft und von Schmerzen erblindet bist, wieder aufbrechen, weiterleben, und wer lohnt es dir? Lohnt sich die Mühe?»[4]

---

1   «Briefe», a. a. O., S. 35
2   «Briefe», a. a. O., S. 48
3   «Briefe», a. a. O., S. 57
4   Roger Perret hat den Text im Band «Alle Wege sind offen. Die Reise nach Afghanistan 1939/1940», Lenos-Verlag, Basel 2000, S. 114–117 veröffentlicht. Die zitierte Stelle findet sich dort auf S. 117. In Dominique Laure Miermonts Ausgabe von 2008 findet sie sich, allerdings in der unterschiedlichen, unredigierten Textfassung «letzter Hand», auf S. 112.

Schreiben als «Gottesdienst ihres Lebens»

Selbst wenn man eine gewisse Koketterie in Rechnung stellt: angesichts solcher Selbstzweifel mutet es merkwürdig an, mit welcher Unbeirrbarkeit Annemarie Schwarzenbach andererseits bis zuletzt daran festhielt, daß sie zur Schriftstellerin geboren sei, daß dies ihr «einziger Beruf»[1] sei und daß sie «nur hierzu tauge»[2]. Auch Ella Maillart gewann auf der gemeinsamen Afghanistanreise von 1939 den Eindruck, daß Schreiben Annemarie Schwarzenbachs «einziger Ehrgeiz»[3] sei, und berichtet an anderer Stelle in ihrem Buch: «Ich habe gesehen, wie sie nacheinander sieben Bogen in die Schreibmaschine spannte, bevor ein bestimmter Satz die Vollkommenheit erlangt hatte, die allein sie befriedigen konnte. Schreiben war der Gottesdienst ihres Lebens, er beherrschte sie ganz und gar.»[4]

Ein unvoreingenommener heutiger Leser, der sich die Mühe nimmt, sämtliche schriftstellerischen Arbeiten Annemarie Schwarzenbachs, ob veröffentlicht oder unveröffentlicht, zu lesen und zu studieren (und was ganz wichtig ist: mit der damaligen zeitgenössischen deutschsprachigen Literaturproduktion schweizerischer und nichtschweizerischer Provenienz in Bezug zu setzen) – der wird nun allerdings eher zur Einsicht gelangen, daß ihre Selbstzweifel nicht ganz unberechtigt waren, bzw. daß sie die Erwartungen, die sie mit ihren ehrgeizigen Ambitionen weckte, mit dem fertigen Text tatsächlich zumeist nur in Ansätzen zu erfüllen vermochte. Sieht man vom unmittelbarsten Ausdruck ihrer

---

1   an Erika Mann, 19. 8. 1931, «Briefe», a. a. O., S. 57
2   an Klaus Mann, 1. 8. 1940, «Briefe», a. a. O., S. 181: «Als Schriftsteller (ich kann jetzt nicht darauf eingehen, aber ich bin nur davon überzeugt, daß ich nur hierzu tauge) – weiß ich heute schon genau, daß ich vermutlich in der Schweiz so wenig wie in Deutschland gedruckt werden kann.»
3   «Auf abenteuerlicher Fahrt», a. a. O., S. 182
4   «Auf abenteuerlicher Fahrt», a. a. O., S. 12

Trauerarbeit, dem Roman «Das glückliche Tal», der einem bei der Lektüre des Nachlasses immer deutlicher als einzigartiger Glücksfall erscheint, einmal ab, so dokumentieren ihre Arbeiten insgesamt weit eher ein Scheitern als ein Gelingen, wird an ihnen mehr Bemühen als Können sichtbar und tauchen immer wieder die Merkmale eines forcierten, durch die gestellte Aufgabe überforderten Talents auf. Dies trifft, und das ist vielleicht die größte Enttäuschung, die den Leser ihrer nachgelassenen Werke erwartet, bei näherem Zusehen auch auf ihr letztes großes Prosa-Manuskript «Das Wunder des Baumes» zu, das sie eine Zeitlang für ihr bestes hielt[1]: immer wieder findet sich eine Seite, ein Gedanke, eine Idee, die frappiert, die berührt, die man sich merken möchte, aber als Ganzes, als Summe seiner Teile, wirkt der Roman ebenso unbefriedigend wie viele andere Dichtungen dieser Autorin, die doch durch ihre spektakuläre Biographie, ihr tragisches Schicksal und vor allem auch durch ihre in unzähligen Fotos überlieferte androgyne Schönheit für viele Nachgeborene zum Faszinosum geworden ist.

Allerdings: wenn sie ein Werk ein zweites Mal in Arbeit nahm und überarbeitete, so verlor die Erstfassung, so sehr sie sie auch gelobt hatte, in ihren Augen jeden Wert. So distanzierte sie sich, als sie «Das Wunder des Baumes» in ihren letzten Lebenswochen in ein Prosagedicht mit dem Titel «Marc» umarbeitete, unmißverständlich von der in Afrika entstandenen früheren Fassung. «Sollte Dir der Schweizer Konsul, Herr Orlandi, die Kopie des ersten Romans schicken, schau nicht drauf: er wird verbrannt und eingeschmolzen», schrieb sie am 2. September 1942, vier Tage vor ihrem fatalen Velounfall, Klaus Mann in englischer Sprache aus Sils nach Amerika.[2] Ein Ansinnen, das vermuten läßt, daß

---

1 «Nie, dachte ich, würde ich wieder so gut schreiben: es war mein Bestes, Einziges, das einzige Zeugnis meines Lebens.» («Beim Verlassen Afrikas», ungedrucktes Typoskript von 1942, S. 63)
2 Der Brief ist im gedruckten Briefwechsel nicht enthalten und befindet sich in der Handschriftenabteilung der Monacensia in München.

Stefan George, dessen Werk sie als Studentin studierte,
war in vielem Annemarie Schwarzenbachs literarisches Vorbild

Annemarie Schwarzenbach mit an Sicherheit grenzender Wahrscheinlichkeit auch «Tod in Persien», die nie einem Verlag angebotene erste tagebuchartige Fassung von «Das glückliche Tal», nach Fertigstellung und Publikation der Endfassung auf keinen Fall mehr hätte veröffentlicht sehen wollen.

Was nun die Beziehung zu den Geschwistern Mann betrifft, so kommt es angesichts der mit einem quälenden Ehrgeiz durchmischten Selbstzweifel nicht unerwartet, daß Annemarie Schwarzenbach sich in literarischer Hinsicht ebenso unbedingt an die erfolgreichen Vorbilder anklammerte, wie sie im menschlich-persönlichen Bereich um ihre Freundschaft kämpfte. Immer wieder bat sie Erika Mann und bald auch deren literarisch erfolgreicheren Bruder um Hilfe bei der Begutachtung und Redigierung ihrer eigenen Versuche, und schon mit dem Erstling «Freunde um Bernhard», der Klaus und Erika Mann überdeutlich und übertrieben schmeichelhaft als Geschwisterpaar Christina und Leon porträtiert, wandte sie sich direkt an Erika Mann. «Zu denken, daß inzwischen mein Buch, eigentlich für Dich geschrieben, gedruckt werden soll!» jubelte sie am 9. Februar 1931 der Freundin zu, als Amalthea den Roman in Verlag genommen hatte.[1]

«Reisen ist Aufbruch ohne Ziel» – die Anfänge als Reisejournalistin

Noch im gleichen Jahr 1931 gelang Annemarie Schwarzenbach der Einstieg in ein journalistisch-literarisches Gebiet, in dem die Geschwister Mann mit «Rundherum. Das Abenteuer einer Weltreise» bereits 1929 eine gewisse Berühmtheit erlangt hatten und das auch bald ihre eigene eigentliche Domäne werden sollte: dasjenige des Reisejournalismus. Wohl durch die Vermittlung des ihr wohlgesinnten NZZ-

---

1   «Briefe», a. a. O., S. 47

In den spanischen Pyrenäen, Mai 1933

Feuilleton-Chefs Eduard Korrodi erlangte sie vom Piper-Verlag, München, den Auftrag, für die zwei der Schweiz gewidmeten Bände des Reisehandbuchs «Was nicht im ‹Baedeker› steht» einen Teil der Texte zu verfassen.[1] Als 1932 der erste Teil, «Schweiz Ost und Süd», erschien, lag bereits auch der Band über die Riviera vor, dessen Entstehen Annemarie Schwarzenbach aus nächster Nähe hatte miterleben können, hießen die beiden Co-Autoren doch Klaus und Erika Mann!

In ihrem Todesjahr 1942 wird Annemarie Schwarzenbach ihre Aufgabe als Reise-Schriftstellerin definieren als «das Innere der Länder kennenzulernen und sie aufrichtig zu lieben, um sie für andere Menschen beschreiben zu können».[2] In ihrer Ruhelosigkeit und in ihrem Lebensüberdruß war das Reisen für sie aber zugleich immer auch eine Flucht vor Schwierigkeiten und Problemen und vor sich selbst, eine Existenzform, die ihrem Naturell angemessener als alle anderen war. «Reisen ist Aufbrechen ohne Ziel, nur mit flüchtigem Blick umfängt man ein Dorf und ein Tal, und was man am meisten liebt, liebt man schon mit dem Schmerz des Abschieds»[3], sollte sie 1938 formulieren, und tatsächlich liegt über sehr vielen ihrer Reisebeschreibungen

---

1 Der erste Band wurde von Eduard Korrodi herausgegeben und hieß «Das Buch von der Schweiz: Ost und Süd». Er enthielt Texte von Korrodi, Annemarie Schwarzenbach und Hans Rudolf Schmid und erschien 1932. Band 2, «Das Buch von der Schweiz: Nord und West» erschien 1933 ohne Herausgebernamen und enthielt Texte von Hans Rudolf Schmid und Annemarie Schwarzenbach («Reisen mit Geld», «Wallis im Automobil»). «Und der Piper, wie er mich langweilt», schrieb sie am 30. 9. 1931 Erika Mann («Briefe», a. a. O., S. 63), «es ist eine halbe Sache. Mies mag man nicht schreiben, gut darf man nicht, weil ich dann zu seriös werde – und Triviales unterzubringen ist eine Kunst, die uns nur mangelhaft gelingt. Mein Mitarbeiter vollends ist – ich gebe es zu – irgendwie ‹besser›, gibt den richtigen, geforderten Inhalt, aber wie, aber wie!»
2 «Abschied von Léopoldville» in «Kleines Kongo-Tagebuch», «National-Zeitung», Basel, 13. April 1942 – Der Text ist wieder abgedruckt in «Auf der Schattenseite», a. a. O., S. 303–306.
3 «Ankunft in Mallorca», «National-Zeitung», Basel, 11. Juni 1938

Begegnung unterwegs: Spanien 1933

die Melancholie des Abschiednehmens, der Trauer, der Vergänglichkeit und der Todesnähe.

«Ich finde, daß man Europa und die alten Wege für ein Weilchen verlassen sollte, hier verlangt man zuwenig Mut und zuviel Geduld von uns»[1], schrieb Annemarie Schwarzenbach Anfang 1932 Erika Mann, denn sie konnte es nicht erwarten, den Radius ihres Reisens endlich über Europa hinaus auszudehnen. Im Frühling 1932 soll es von München aus nach Persien gehen, und erst noch mit den Geschwistern Mann! Der Plan ist schon weit gediehen, die Deutsche Wochenschau hat die kühnen Orientfahrer gefilmt, die beiden Autos stehen bereit, am 6. Mai ist Abfahrt. Aber am 5. Mai nimmt sich der als vierter Mitfahrer vorgesehene Ricki Hallgarten, ein mit den Mann-Kindern befreundeter Künstler, das Leben, und die Reise wird abgeblasen. Die drei fahren dafür, ziemlich deprimiert, ein paar Tage nach Venedig.

Im Sommer 1932 ist Annemarie Schwarzenbach mit Erika und Klaus Mann in Schweden und Finnland unterwegs – eine Reise, die Klaus Mann Motive für seinen Roman «Flucht in den Norden» (1934) liefert, wo das «Schweizerkind» in der Figur der Johanna porträtiert ist. Annemarie Schwarzenbach aber liest, wie sie Carl Jacob Burckhardt gleichentags mitteilt, am 2. Oktober 1932 ihre «Finnländischen Reiseaufsätze» am Schweizer Radio vor.[2] Im Mai 1933 dann, drei Monate nach Hitlers Machtübernahme, fährt sie mit der Fotografin Marianne Breslauer in die Pyrenäen – diesmal ganz professionell im Autrag einer Berliner Presse-Agentur. Schließlich aber kommt es doch noch zur Begegnung mit Persien. Sie sei «ernstlich im Begriff», nach Klein Asien und weiter in den großen unbekannten Osten zu fahren und ein halbes Jahr wissenschaftlicher Arbeit zu opfern», teilt sie Carl Jacob Burckhardt am 19. September 1933 mit.[3] Und bringt damit ihr bis anhin größtes Reise-

---

1 am 3. Januar 1932, «Briefe», a. a. O., S. 73
2 «Briefe an Carl Jacob Burckhardt», a. a. O., S. 257
3 «Briefe an Carl Jacob Burckhardt», a. a. O., S. 258

In San Cugas, Spanien, Mai 1933

vorhaben ins Spiel, das sie – ohne Begleiter diesmal – über Istanbul, Ankara, Aleppo, Beirut, Jerusalem und Bagdad nach Teheran führen wird, durch ihre Teilnahme an archäologischen Ausgrabungen in Syrien[1] und im Iran durchaus einen wissenschaftlichen Anstrich bekommt und als schriftliches Resultat ihr Buch «Winter in Vorderasien» zur Folge hat, das noch im Herbst 1934 bei Rascher in Zürich herauskommt. Zu einem Zeitpunkt, als sie sich schon wieder in einer anderen Weltgegend aufhält: in Moskau, wo sie zusammen mit Klaus Mann vom 17. August bis zum 7. September 1934 am «Ersten Sowjetischen Schriftstellerkongreß» teilnimmt.[2] Kaum zurückgekehrt, bricht sie Mitte September erneut nach Persien auf, wo sie in Rhages, in der Nähe von Teheran, als Hilfsassistentin eines amerikanischen Teams bei Ausgrabungen hilft und somit nicht in der Schweiz ist, als der sogenannte «Pfeffermühle»-Skandal ihre Freundin Erika Mann in Bedrängnis bringt. Wo sie hinkommt, dokumentiert Annemarie Schwarzenbach ihren Aufenthalt schriftlich und mit der Kamera. Längst hat sie sich bei Schweizer Zeitungen und Illustrierten einen guten Namen als Reisejournalistin gemacht, und je länger, je mehr bietet sie ihren Abnehmern nicht mehr nur Texte, sondern auch Fotografien an, die bisweilen durchaus mit den Aufnahmen der Großen des Metiers mithalten können.

1 «Winter in Rihanie. Ich bin Ausgräber geworden. Ich gehöre zur Zunft», wird es im «Glücklichen Tal» (a. a. O., S. 64) heißen. «Bob und ich werden nach Beirut geschickt, um eine Keilschrift, die wir nicht entziffern können, der amerikanischen Universität zu übergeben. Wir fahren mit Hussein, dem türkischen Chauffeur. Auf der hölzernen Türe unseres ‹Ford-Station-Cars› steht in weißen Lettern der Name unserer Expedition.»
2 «Was hier geschieht, ist voll von Zukunft», schrieb sie am 19. 8. 34 aus Moskau begeistert an Claude Bourdet («Lettres à Claude Bourdet», a. a. O., S. 162), und auch die 2005 von Roger Perret erstmals veröffentlichten «Notizen zum Schriftstellerkongreß in Moskau» (Annemarie Schwarzenbach: «Insel Europa», Lenos-Verlag, Basel, S. 61–93) sind getragen von einer fast völlig unkritischen Begeisterung für die Errungenschaften der russischen Revolution.

Kaiserie/Türkei, Winter 1933/34: Annemarie Schwarzenbach mit anatolischen Bauern

Von «Aufbruch im Herbst» zum «Falkenkäfig»: literarische Werke 1932–1936

Trotz dieser journalistischen Erfolge und trotz aller Selbstzweifel führt sie in diesen Jahren aber auch ihre literarische Arbeit weiter. Noch in Berlin hat sie im Januar 1932 einen Roman mit dem Titel «Aufbruch im Herbst» fertiggestellt, aus dem sie noch im gleichen Monat bei einer Veranstaltung in St. Gallen öffentlich vorliest. Offenbar hat sie dafür aber keinen Verlag finden können, oder dann ging das Typoskript beim Auszug aus Berlin nach Hitlers Machtergreifung irgendwo verloren, und so lassen sich, was seinen Inhalt betrifft, keinerlei nähere Erkenntnisse beibringen. Auch den Roman «Flucht nach oben», an dem sie im Februar 1933 während ihrer Skiferien in Zürs am Arlberg schrieb und der sich wie ein alpines Gegenstück zu «Freunde um Bernhard» und «Lyrische Novelle» liest – eine Evokation von Heimatlosigkeit, Einsamkeit, Lebensüberdruß und gescheiterten Beziehungen im Biotop eines Skihotels in einem imaginären Kurort – wollte niemand publizieren. Ein glücklicher Zufall aber brachte es mit sich, daß das Typoskript sich im heute in der Zentralbibliothek Zürich befindlichen Archiv des Oprecht-Verlags erhalten hat und Roger Perret den seltsam unbestimmten, auf weite Strecken kolportagemäßig gearbeiteten Gesellschafts- und Zeitroman 1999 im Lenos-Verlag, Basel, erstmals publizieren konnte.

Zu Beginn der dreißiger Jahre hatte sich Erika Mann, die an namhaften deutschen Theatern als Schauspielerin verpflichtet war, auch selbst der Bühnenschriftstellerei zugewandt. Annemarie Schwarzenbach versuchte – allerdings vergeblich! – das Zürcher Schauspielhaus zur Aufführung des Stücks «Geschwister» zu bewegen, und am 14. Dezember 1931 fand in Darmstadt die Uraufführung eines andern Bühnenstücks von Erika Mann statt: «Jans Wunderhündchen». Da lag es nur nahe, daß Annemarie Schwarzenbach nun auch ihrerseits in diese Fußstapfen zu treten suchte. In ihrem historischen Stück «Cromwell», das die studierte Hi-

24. April 1934, Wasserburg am Bodensee: «Annemarie zurück von ihrer Orientreise.»

storikerin im Sommer 1932 schrieb, sollte die Schauspielerin Erika Mann natürlich eine Hauptrolle spielen, und wer weiß, vielleicht konnte sie sogar mithelfen, eine Bühne dafür zu begeistern, oder eventuell sogar den Ex-Gatten Gustav Gründgens dafür gewinnen? Das eher dilettantische Drama fand aber weder bei der vielbeschäftigten Freundin[1] noch beim Drei Masken-Verlag Gnade, und nicht viel besser erging es dem nächsten literarischen Werk, dem als weitere Frucht der ersten Orientreise bzw. der Zeit als Ausgrabungs-Assistentin entstandenen Novellenzyklus «Der Falkenkäfig». Obwohl ihr Klaus Mann zunächst Hoffnungen auf eine Publikation durch «seinen» Querido-Verlag in Amsterdam machte und das Werk dann mit Hilfe Stefan Zweigs dem Wiener Herbert Reichner-Verlag weiterempfahl, und obwohl sogar Thomas Mann sich für das Projekt eingesetzt zu haben scheint[2], verliefen alle Bemühungen, das Manuskript zu veröffentlichen, letztlich im Sand. Daß Klaus Mann selbst von der Qualität dieser Arbeiten nicht restlos überzeugt war, zeigt seine standhafte Weigerung, eine einzelne Novelle des Zyklus in die «Sammlung» aufzunehmen und sie so seinem illustren Lesepublikum zu empfehlen, nur

1 Auf eine offenbar vernichtende Kritik von Erika Mann reagierte Annemarie Schwarzenbach am 5. November 1932 («Briefe», a. a. O., S. 81) wie folgt: «Liebling Eri – ich wüßte nicht, welche Kritik mir besser zusagen und munden würde – und dies in jedem Fall – ... als die Deinige über ‹Cromwell› – dessen Stoff ich, kurz gesagt, eben nicht bewältigen konnte.»
2 Wie dem Brief Klaus Manns an Stefan Zweig vom 15.6.1936 («Briefe und Antworten», Edition Spangenberg, München 1975, Bd. I, S. 268/9) zu entnehmen ist, verlangte Reichner neben einem namhaften Kostenbeitrag auch gewisse Änderungen in politischer Hinsicht, um das Buch auch in Hitler-Deutschland verkaufen zu können. Obwohl die Autorin offenbar zu Zugeständnissen bereit war und Stefan Zweig sich tatsächlich der Sache annahm, scheiterte das Projekt. Laut einer Notiz im Tagebuch vom 29. Juli 1936 («... Briefe ... u. a. an Bermann wegen Anne-Marie ...») versuchte wohl Thomas Mann, auch Bermann-Fischer für das Buch zu interessieren. Unter dem Titel «Bei diesem Regen» hat Roger Perret 1989 im Lenos-Verlag, Basel, das im Nachlaß aufbewahrte, nicht mehr ganz vollständige Typoskript der Öffentlichkeit zugänglich gemacht.

allzu deutlich. Klaus Mann bat Annemarie Schwarzenbach zwar immer wieder um Geld für die Zeitschrift, schränkte aber ihre Mitarbeit rigoros auf eine bloße Rezensententätigkeit ein.[1] In «Decision» taucht dann ihr Name, obwohl er sie, wie wir bereits gezeigt haben, auch diesmal wieder zur Finanzierung mit heranzog, überhaupt nicht mehr auf.[2]

Die Zerreißprobe:
der «Pfeffermühle»-Skandal von 1934

Die Beziehung Annemarie Schwarzenbachs zu den Geschwistern Mann krankte an vielerlei: an rein persönlichen, intimen Problemen zunächst, dann aber auch an der permanenten Frustration, die sie angesichts des erfolgreichen Geschwisterpaares in Sachen Literatur zu verkraften hatte. Eng damit verknüpft war auch die für eine Freundschaft letztlich unglückliche Rolle der Mäzenin, in welche die Zürcher Millionärstochter nach und nach hineingeraten war und die vielleicht dazu beitrug, daß man – zumindest im privaten Gespräch – ihrer eigenen literarischen Produktion gegenüber mehr Nachsicht übte, als für die Verfasserin gut war.

Die schwerste Belastung für die ohnehin problematische Freundschaft aber bedeuteten zweifellos Annemarie

---

1 Die Mitarbeit war nach Rezensionen über Bücher von Thomas Wolfe und Ignazio Silone in Heft I bzw. III bereits wieder beendet.
2 Klaus Mann scheint ihr aber Aufträge erteilt zu haben, und am 18. März 1942 berichtet Annemarie Schwarzenbach Ella Maillart sogar: «... my letter from Free French Africa was published in the Magazine ‹Decision› in New York ...», was aber einer Nachprüfung nicht standhält. – Annemarie Schwarzenbach ließ die Sache allerdings keine Ruhe. Noch am 8. Juni 1942, fünf Monate vor ihrem Tod, gab sie von Tetouan aus Marie-Louise Bodmer den Auftrag: «Du mußt eine f e i n e Auswahl von Artikeln aller Art zusammenstellen, besonders aus Weltwoche und NZZ, rund ein Dutzend, und dieselben schicken an Klaus Mann, Magazine ‹Decision›, 141 East 29th St. New York. Es lohnt sich, das Clipper-Flugzeug-Porto dafür auszugeben.» (Der Brief befindet sich im Nachlaß Marie-Louise Bodmer-Preiswerk, Privatbesitz, Luzern.)

Schwarzenbachs nie ganz abgebrochene Beziehungen zum Elternhaus, das die Familie Mann seit dem sogenannten Zürcher «Pfeffermühle»-Skandal von 1934 als geheimen Mittelpunkt der gegen Erikas Kabarett gerichteten frontistischen Umtriebe betrachtete.[1]

Renée Schwarzenbach-Wille scheint überzeugt gewesen zu sein, daß die sozialdemokratische Motion Schneider, mit der am 6. November 1934 im Nationalrat wegen dessen Fühlungnahme mit deutschen Offizieren und Parteigrößen Sanktionen gegen ihren Bruder, Oberstkorpskommandant Ulrich Wille, gefordert wurden, auf einer Intrige Erika Manns basiert habe. Sie hatte zudem auch persönliche Gründe, Erika Mann übel zu wollen, war sie es doch in ihren Augen gewesen, die ihr die eifersüchtig geliebte Annemarie entfremdet und der Homosexualität und der Droge zugeführt hatte. Ob Renée Schwarzenbach darum tatsächlich als eine Art Drahtzieherin hinter den frontistischen Störaktionen gegen das «Pfeffermühle»-Gastspiel im Zürcher Kursaal steckte, wo am am 16. November 1934 das dritte Exil-Programm der Truppe nach einer erfolgreichen Basler Premiere erstmals gezeigt werden sollte, ist aber dennoch fraglich. James Schwarzenbach jedenfalls, der dabei als eine Art Rädelsführer in Erscheinung trat[2] und der die Aktion

---

1 Das geht ziemlich eindeutig aus den Tagebucheintragungen hervor, die sich für die fragliche Zeit bei Thomas Mann finden. Er stützt sich dabei auf Aussagen seiner Tochter Erika. Siehe: Thomas Mann, «Tagebücher 1933–1934». Herausgegeben von Peter de Mendelssohn. S. Fischer-Verlag, Frankfurt 1977

2 «Im Theater gab der Zuschauer James Schwarzenbach bei der Darbietung ‹Weil ich will› mit einer Militärordonnanzpfeife das Signal zu Lärmszenen. Es wurde gepfiffen, Rufe ‹Pfui› und ‹Use mit de Jude› ertönten, Tränengasampullen wurden zu Boden geworfen, es entwickelte sich eine Keilerei ...» (Zürcher Stadtratsprotokoll vom 15. 12. 1934, zitiert nach: Helga Keiser-Hayne: «Erika Mann und ihr politisches Kabarett ‹Die Pfeffermühle›», Rowohlt-Taschenbuch-Verlag 1995, S. 154) – «Weil ich will» war auf den Willen Hitlers bezogen, James Schwarzenbach und seine Freunde behaupteten, es beziehe sich auf Oberst Ulrich Wille, den Bruder von Renée Schwarzenbach.

Erika und Klaus Mann, als sie später in Amerika die «Pfeffermühle» neu zu beleben suchten.

am 19. November 1934 in einer Zuschrift an die «NZZ» mit antikommunistischen Argumenten zu rechtfertigen suchte, hat wohl kaum im Auftrag seiner Tante gehandelt, konnte ihn diese doch nach dem Zeugnis von Suzanne Öhman-Schwarzenbach «überhaupt nicht ausstehen»[1]. Andererseits scheint Annemaries Vater, der Großindustrielle Alfred Emil Schwarzenbach, dem von der «Pfeffermühle» so witzig bekämpften «neuen» deutschen Reich der Nationalsozialisten zumindest in dessen Anfängen mit einigem Wohlwollen gegenübergestanden zu haben und gehörte mit seiner Frau zusammen sicher zu den Sympathisanten, wenn nicht zu den Geldgebern des schweizerischen Frontismus.[2] So war es wahrscheinlich eher eine Art moralische Mitverantwortung, nicht eine direkte Aktion, die den Schwarzenbachs anzukreiden war.

Während dieser extremen Belastungsprobe ihrer Freundschaft mit der Familie Mann befand sich Annemarie Schwarzenbach als archäologische Hilfsassistentin bei Ausgrabungen im persischen Rhages. Gleich nach ihrer Heimkunft Mitte Dezember 1934 aber engagierte sie sich mit ganzer Kraft auf der Seite der «Pfeffermühle»-Freunde. Sie schickte der Familie Mann Blumen zu Weihnachten, veröffentlichte nachträglich eine Stellungnahme zu Gunsten von Erikas

---

1   Suzanne Öhman äußerte sich so in dem bereits erwähnten Gespräch mit dem Verfasser vom 24. 2. 1987 in Meilen.
2   Erika Mann zitiert im Brief an Thomas Mann vom 4. Juni 1933 («Briefe und Antworten», Bd. I, a. a. O., S. 39) ein Schreiben Alfred Schwarzenbachs an seine Tochter, worin er sie auffordert, statt Exilzeitschriften zu finanzieren nach Deutschland zu fahren und «am Aufbau dieses neuen geistigen Deutschlands» mitzuhelfen. – In Annemarie Schwarzenbachs Aufsatz «Die Schweiz, das Land, das nicht zum Schuß kam», den sie im Sommer 1940 in Amerika schrieb, heißt es: «Die ‹nationale Front› wurde lange Zeit von Industriellen, konservativen Offizieren und reichen Leuten unterstützt, die in dieser pseudo-sozialen Organisation ein Bollwerk gegen die ‹sozialistische Gefahr› erblickten und sich die jungen Abenteurer und ‹Erneuerer› der Schweiz als eine Art von Stoßtruppen verpflichten wollten.» (abgedruckt in Annemarie Schwarzenbach, «Auf der Schattenseite», a. a. O., S. 268–280, Zitat S. 279)

Dr. Ad. Streuli
Regierungsrat

Zürich, den 30. Novb. 1934.

Mein lieber Freund !

Habe vielen Dank für Deine Zeilen aus Weimar und aus dem Erbprinz, wo ich auch schon zu Gaste war, und zwar im Richard Wagner Zimmer. Ich freue mich, dass Du wieder so guten Erfolg hast. Wie Du es verdienst.

Eine Neuigkeit wird für Dich sein, dass gestern ganz unerwartet Herr Generalkonsul Windel gestorben ist. Angina pectoris. Du hast diesen feinen Menschen, der auch mit dem Theater verbunden war, gewiss auch gekannt.

In Zürich haben wir einige Unruhen erlebt. Allerdings nur abends. Den Tag über war nichts zu merken. Es drehte sich um die Aufführungen der Pfeffermühle (Erika Mann) und um das Schauspielhaus (Mannheim). An beiden Orten setzte die Front protestierend ein. Im Pfauen war wenig zu merken. Die Aufführungen gingen ungestört von statten. Auch ausserhalb des Pfauens hatte die Polizei gar nichts zu tun. Anders war es letzten Montag im Stadttheater. Dort wurde für die Union der Prof.Mannheim aufgeführt. Eine Störung im Haus fand nicht statt, die Vorstellung verlief glatt. Vor dem Theater und weit herum war sehr viel Polizei tätig, die wie man hört, mit Knüppel und Säbel mit ungewohntem Ausmass dreinschlug. Die Verhafteten wurden im Laufe der Nacht wieder entlassen, mit Ausnahme von Dr. Henne, der 2 x 24 Stunden behalten wurde. Vielleicht war das noch ein Missgriff. Man kann von den Aufführungen im Kursaal und im Schauspielhaus halten wie immer, sicher ist, dass sie nicht in diese Zeit der hochgesteigerten Erregung hineingehören, und beim Mannheim liegt das Aufreizende darin, dass er angekündigt wird als das "Abbild gegenwärtiger Zustände". Das ist schon etwas unanständig.

In Zeiten erhöhter Temperatur muss rücksichtslos angekämpft werden gegen alles, was die Massen erregt und kopfscheu macht, und eingeschritten werden gegen alle, — auf welcher Seite sie auch stehen —, welche die Ruhe und Ordnung und die Sicherheit stören.

Seit letzten Montag ist wieder Ruhe im Lande. Es ist wohl ein Vorteil, dass wir gerade jetzt eine mehrheitlich rote Stadtverwaltung haben, denn diese vermag die ihr nahestehenden Massen viel besser zu beherrschen, als wenn Bürgerliche das tun müssten, denen von linker Seite gewiss alle denkbaren Schwierigkeiten zugedacht wären. Auch im Ernste liegt manchmal noch Humor.

Jetzt entschuldige diese Epistel. Herzlich wünsche ich Dir weiter schönes Erleben und vor allem aus gute Gesundheit.

Mit vielen Grüssen, auch von meiner lieben Frau

Dein
A. Streuli

In einem Brief von Regierungsrat Streuli an Ernst Zahn wird die Stimmung nach dem «Pfeffermühle»-Skandal fassbar.

Kabarett[1] und nahm, nicht ohne es der Familie Mann zur Kenntnis zu bringen, auch persönlich an einer Aktion gegen die Frontisten teil.[2] Aber damit nicht genug. Wie aus einem Brief an Klaus Mann vom 21. Dezember 1934 hervorgeht, stellte Annemarie Schwarzenbach in der Angelegenheit auch ihre Familie zur Rede, um den Gerüchten sozusagen an der Quelle auf den Grund zu kommen. «Hier ist's so mühsam und leidvoll von allen Seiten», berichtet sie dem Freund von Bocken aus. «Und mein Bruder, der Hasi, der sich tapfer, freundlich und ordentlich stellt, nennt es einen faulen Frieden. Gut daran ist höchstens bloß, daß meine Mutter es nun weiß und es erträgt, daß ich ganz offen all meine bitteren Anklagen vortrage, die Tanten respektlos nicht schone, die Vettern bloßstelle. Sie las gestern, was ich druckreif habe: alle Vorgänge, die polizeilich und privat vernommenen, zusammengefaßt und heftig zur Anklage gegen alle gewendet. Sie waren ja, die durch und durch pharisäisch Beunruhigten – des Onkels und der Familie wegen beunruhigt! –, gar nicht mal auf den G e d a n k e n gekommen, w e m nun eigentlich Abbruch und Unrecht geschehen sei! Erika hingegen sollte nur zugeben (und nur mir), daß meine Familie, so wie sie damals in Sorge schwebte um jenen Onkel Oberst, doch jeden Skandal fürchtete und auch über den in der ‹Mühle› nur verzweifelt sein konnte – angerichtet hat sie ihn nicht. Allerdings, das entschuldigt ja nicht die vielen

---

1   Sie benützte in ihrer am 27. Dezember 1934 in der «Zürcher Post» erschienenen Stellungnahme das Burgdorfer Gastspiel der «Pfeffermühle» vom 17. Dezember als Anlaß, um die frontistischen Umtriebe gegen Erika Manns Kabarett aufs entschiedenste zu verurteilen: «Es ist immer schwer, ja unmöglich, eine geistige Unternehmung gegen die ungeistige Brutalität zu schützen.» – Der Artikel war namentlich gezeichnet und wurde von Thomas Mann laut seiner Tagebucheintragung vom 27. 12. 1934 (a. a. O., S. 595) als «tapferer Artikel der A. M. Schwarzenbach für die ‹Pfeffermühle›» begrüßt.
2   In Thomas Manns Tagebuch ist am 27. 12. 1934 (a. a. O., S. 595) zu lesen: «Es kam Annemarie Schwarzenbach, sehr abgemagert. Sie kam aus Bern von irgend einer Aktion gegen die Frontisten, ausgehungert. Erika stärkte sie mit Eiern und Thee.»

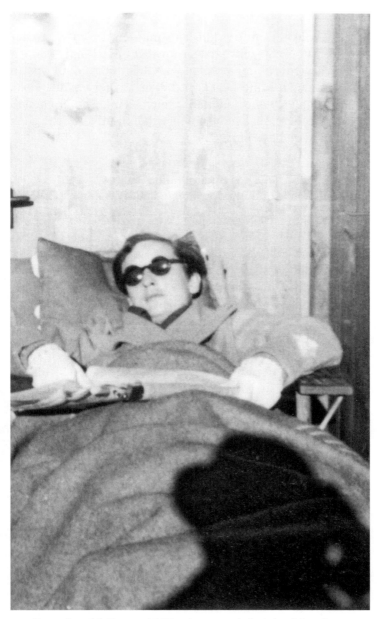

Samedan, 16. Januar 1935: «Annemarie bei der Liegekur»

Fronten- und Haß-Konstellationen, entschuldigt nicht die Leichtfertigkeit, mit der alle einstimmten, Erika sei es gewesen ... (...) So sehr niedergedrückt bin ich nur, weil ich weiß, wie wenig es der Erika nützt. Ob ihr überhaupt was an meinem neuen Mute liegt? Und dann verlier ich alle Lust, aber auch gleich alle, und nähre mich so mit Thunfisch, daß es mit Brechen, wachen Nächten, gelähmter Schwäche ganz übel um mich bestellt ist ...»[1]

«... das Spektakuläre an der plötzlichen Wendung der Dinge»: Heiratspläne 1934/35

Am 15. Januar 1935 versuchte Annemarie Schwarzenbach in Samedan vergeblich, sich das Leben zu nehmen. Der offen ausgebrochene Konflikt mit der Familie im Gefolge des «Pfeffermühle»-Skandals, die zu erwartende Abkühlung im Verhältnis zu Erika Mann – «ich werde ihr sanftes Nein nie wieder vergessen», heißt es im eben zitierten Brief an Klaus Mann da, wo von Erikas ablehnender Antwort auf die Einladung, Weihnachten in Sils zu verbringen, die Rede ist –, die zunehmende Drogenabhängigkeit, die dadurch nicht beseitigten, sondern noch verstärkten Depressionen: all das muß wohl mit in Erwägung gezogen werden, wenn man nach Gründen für diesen Zusammenbruch sucht. Ob dabei unbewußt auch die im Herbst 1934 in Teheran vereinbarte, den Eltern nicht genehme Heirat mit Claude Achille Clarac, zu der sie sich immer noch nicht definitiv entschlossen hatte, mit ein Motiv für die gesuchte Befreiung durch den Tod war, ist ungewiß.[2] Als der Selbstmord mißlang, muß ihr die Ver-

---

1 «Briefe», a. a. O., S. 122. In den Briefen an Klaus Mann steht «Thun» oder «Thunfisch» für Morphium.
2 «Ich lasse leider einen befreundeten Clarac hier zurück», hatte sie Klaus Mann am 4. November 1934, kurz vor der Rückreise von ihrem zweiten Persien-Aufenthalt als Hilfsarchäologin in Rhages, verraten, «dessen Botschaft für mich immer ein Bad und eine Stube bereit hatte. Wir verbringen zusammen sonderbare kleine Abendessen, Gespräche, Nachtfahrten ... Aber es ist dann immer schwer, wieder in unser Lager zurückzufahren, wo es schon s e h r kalt ist zuweilen.»

Annemarie Schwarzenbach im Engadin mit Hund ‚Doktor'

ehelichung mit dem französischen Diplomaten aber sofort als kleinstes aller nun noch bestehenden Übel erschienen sein. Jedenfalls trieb sie die Heiratspläne jetzt mit überraschender Intensität vorwärts und brachte nun auch ihre Eltern, die durch den Selbstmordversuch nachgiebig gestimmt waren, dazu, die Verheiratung mindestens passiv zu akzeptieren.[1] Was sie als Vorteile einer Ehe mit Clarac am 23. Februar 1935, gut fünf Wochen nach dem gescheiterten Suizidversuch, Klaus Mann gegenüber ins Feld führt, läßt jedoch mit aller Deutlichkeit erkennen, wie sehr die scheinbare Unterwerfung unter die bürgerliche Normalität in Wirklichkeit eine weitere Fluchtbewegung darstellte. «Die Schweiz ist ein kleines Land», schrieb sie, «und wenn ich hier unverheiratet bliebe, in Sils zu Hause, selbst wenn meine Familie sich dazu neutral und freundlich zeigte ... – so wäre doch immer die Sorge, der Unwille, der Haß der Fronten; die Sensationslust der ‹Society› bliebe auf mich gerichtet ... und immer könnte es Erika, ja den Zauberers, in der oder jener Weise Nachteil bringen. Dazu kommt meine eigene Abhängigkeit, gerade in der Schweiz würde später doch die Furcht vor der ‹Illegalität› sich regen. Rein äußerlich aber würde diese Heirat ganz und gar genügen, um meine Familie im engen und weiteren Sinn zu beruhigen. Ich habe schon Proben davon, daß sie mich ganz freisprechen würden. Von diesem Frieden verspreche ich mir viel, weil er fortwirkend dazu führte, das Interesse von mir, einer Ausländerin, Schriftstellerin, die in einem anderen Kreise lebt, abzulenken. Endlich: dieser Winter ist zwischen heute und dem vorigen und vorvorigen Jahr wie eine Waldschlucht, soviel ist im Schnee begraben, soviel, was ich für Bindungen hielt, ist plötzlich wie aufgelöst – und, außer Euch, ist just nur jener Claude, den ich ungern, ungern verlieren würde. Es ist nicht ganz begreiflich; aber ich brauche wohl nicht nur den neuen Rahmen, sondern auch ihn als Träger und Person, um mich

---

1 Die Eltern nahmen zwar dann an der Hochzeit in Beirut nicht teil, die Mutter begleitete die Tochter aber bis nach Triest aufs Schiff.

wieder sicher zu fühlen. Abgesehen davon, daß er so sehr darauf besteht, und mit solcher liebevoller Intensität, und ich ihm ungern Schmerz zufüge.»[1]

Schon früh hatte Annemarie Schwarzenbach sich vertrauenswürdigen Personen gegenüber unmißverständlich als lesbisch veranlagt zu erkennen gegeben. «... daß ich warme, starke Zuneigung, brennendes Freundschaftsgefühl, alle jungen glühenden Kräfte in mir nie anders als einer Frau gegenüber empfunden habe, und daß ich nur Frauen mit wirklicher Leidenschaft lieben kann», gestand sie schon am 6. August 1928 Ernst Merz.[2] Und als sie nun ihre Freunde und Bekannten von ihrer geplanten Heirat in Kenntnis setzte, war ihr das Spektakuläre an der plötzlichen Wendung der Dinge durchaus bewußt. So schrieb sie Carl Jacob Burckhardt am 2. Juli 1935 aus Teheran fast entschuldigend: «Es war alles ein bißchen revolutionierend: einen jungen Franzosen zu heiraten, den kein Mensch von meiner Familie kennt, und in Beyrouth oder Teheran zu heiraten, und überhaupt zu heiraten nach soviel gegenteiligen Beteuerungen.»[3] Daß es ihr allen anderslautenden Bekundungen zum Trotz nicht so sehr auf die Person des «Auser-

---

[1] «Briefe», a. a. O., S. 125/6 – Ausländerin: durch ihre Heirat wurde Annemarie Clarac-Schwarzenbach, die sich als Journalistin später auch Clark nannte, französische Staatsbürgerin und bekam als Frau eines Diplomaten auch einen Diplomatenpaß. Was die Beziehung der beiden betrifft, so zitiert Alexis Schwarzenbach («Auf der Schwelle des Fremden», a.a.O., S. 287) eine im Originalmanuskript in der Münchner Monacensia enthaltene, aber in der Druckfassung weggelassene Tagebuchnotiz Klaus Manns vom 14. 1. 1936, in der dieser die Beziehung Annemarie-Claude mit derjenigen zwischen (dem ebenfalls homosexuellen) Gustav Gründgens und der (ebenfalls lesbischen) Erika Mann vergleicht: «Ich kann ihn (Claude) mir schon ganz gut vorstellen: er ist sehr schwul, sehr französisch. (...) Ähnlichkeit seiner Beziehung zu Miro (Klaus Manns Kosename für Annemarie) mit der Beziehung Gustav – Erika. Problematisch; nicht tragisch.»

[2] Der Brief liegt im Nachlaß Merz der Schweizerischen Nationalbibliothek in Bern.

[3] «Briefe an Carl Jacob Burckhardt», a. a. O., S. 258

wählten», sondern auf die Heirat als emanzipatorischen Akt und Befreiungsschlag der Mutter gegenüber ankam, legt die Tatsache nahe, daß Annemarie Schwarzenbach im Herbst 1934 sowohl Klaus Mann als auch Claude Bourdet gegenüber Andeutungen machte, die in Richtung einer möglichen Heirat gingen. «Ich könnte jetzt auch einen Kurdenprinzen heiraten, er besitzt mehr als ein Dorf, aber ich hänge doch zu sehr an Euch»,[1] hieß es, wohl unter Bezugnahme auf entsprechende Avancen, in ihrem Brief vom 4. November 1934 an Klaus Mann, dem sie beim gemeinsamen Moskau-Aufenthalt (ohne Erika!) kurz zuvor näher als je gekommen war. Claude Bourdet seinerseits erinnerte sich später: «Elle m'envoya, était-ce en Août ou en Septembre 1934, une lettre étrange, où elle me demandait si je pourrais tout quitter... elle ne me demandait rien de précis – je crus comprendre qu'elle m'offrait d'aller vivre avec elle – j'étais bouleversé, fou de bonheur et aussi désespéré – car Maman était mortellement malade – je lui répondis qu'il m'était impossible de quitter Maman.»[2] Daß sowohl Klaus Mann als auch Bourdet eine solche Verbindung durchaus ins Auge gefaßt hatten, zeigen ihre Reaktionen auf die Bekanntgabe von Annemaries Hochzeitsplänen. «La fin de l'amitié»[3], notierte sich Klaus Mann ins Tagebuch, als ihm Annemarie die Verlobung telegraphisch ankündigte. «Je fus frappé comme un homme à qui on enlève la moitié de sa vie»[4], beschrieb

---

1 «Briefe», a. a. O., S. 121
2 Claude Bourdet, «Annemarie Schwarzenbach», a. a. O., S. 118. «Sie schickte mir, es war im August oder September 1934, einen befremdlichen Brief, wo sie mich fragte, ob ich alles verlassen könne ... sie fragte nichts Genaues – ich glaubte zu verstehen, daß sie mir anbot, mit ihr zu leben – ich war erschüttert, verrückt vor Glück und zugleich verzweifelt – denn Maman war tödlich krank – ich antwortete ihr, es sei mir unmöglich, Maman zu verlassen.»
3 Klaus Mann, «Tagebücher 1934–1935», München 1989, Eintrag vom 30. 11. 1934
4 Claude Bourdet, «Annemarie Schwarzenbach», a. a. O., S. 119. «Ich war geschlagen wie ein Mensch, dem man die Hälfte seines Lebens weggenommen hat.»

Triest, 17. April 1935: vor der Abfahrt nach Persien

Claude Bourdet seine Empfindung, als er am 3. Dezember 1934 von der geplanten Heirat erfuhr.

Nicht zuletzt, um die Zweifel an ihrem Verhalten gegenstandslos zu machen, tat Annemarie Schwarzenbach alles, um die Verehelichung in den Rahmen der üblichen gesellschaftlichen Gepflogenheiten zu stellen. Sie stellte sich bei den künftigen Schwiegereltern in Frankreich vor und ließ sich in Paris ein weißes Brautkleid machen, in dem sie sich dann von Marianne Breslauer aus allen möglichen Blickwinkeln fotografieren ließ. «Ich glaube, teilweise deshalb habe ich Claude geheiratet: es war ein Versuch, normal zu leben, in einem ‹Kreis› mit seinen Gesetzen, wärmenden Gewohnheiten.»[1]

Sommer 1935: das persische Experiment

Als Annemarie Schwarzenbach am 16. April 1935 nach Teheran abreiste, war sie noch immer von derart vielen ungelösten Problemen und Konflikten belastet, daß schon ein Wunder nötig gewesen wäre, wenn die ohnehin höchst problematische Verheiratung alles zum Besseren hätte wenden können. Auch ihre Gefühle und Erwartungen dem Land gegenüber, das sie nun schon zum dritten Mal betrat, hatten bereits alle Stadien zwischen Faszination, nüchternem Pragmatismus und lähmender Furcht durchmessen und ließen nicht erwarten, daß sie allein schon durch den Klimawechsel oder die exotische Fremdheit zu einer neuen Lebenshaltung verführt würde. Die Persien-Begeisterung des Winters 1933/34, wie sie im journalistischen Reisetagebuch «Winter in Vorderasien» ihren Niederschlag gefunden hatte, war schon im Juli 1934, als sie in Bad Gastein die gleichen Erlebnisse zum Zyklus «Der Falkenkäfig» zu verarbeiten suchte, einer weit nüchterneren Beurteilung gewichen. «Persien ist kein Schicksal. Nur eine große Erfahrung», hatte sie am 4. Juli

---

1   An Anita Forrer, 24. November 1938. Nachlaß Schwarzenbach in der Schweizerischen Nationalbibliothek

Persien, Juli 1935: Annemarie und Claude Clarac-Schwarzenbach

1934 Klaus Mann geschrieben.[1] Im Spätherbst 1934 dann, während sie erneut, diesmal als Hilfsarchäologin, in Persien lebte, hatte es schon wesentlich pessimistischer getönt. Sie müsse nach Hause, heißt es im Brief an Klaus Mann vom 4. November 1934, denn: «Was es auch sei, es wächst mir über den Kopf. Das Land ist zu groß, das Leben hier draußen zu abseitig – tätig und einförmig, das in den breiten Straßen der Hauptstadt wiederum zu menschenreich, zu verwirrend, zu ungegliedert.»[2]

Der neue Aufenthalt vom Sommer 1935 bestätigte die Eindrücke vom Herbst 1934, und schon zwei Monate nach ihrer Ankunft kam ihr Persien als das Land vor, «wo man fast ohne Grund traurig, niedergeschlagen, dem fröhlichen Lebensmut entfremdet»[3] sei. «Und seither habe ich auf alle Arten in Persien zu leben versucht», wird es im «Glücklichen Tal» heißen. «Es ist mir nicht gelungen.»[4]

Nach wenigen Tagen bereits hatte sie auch erkennen müssen, daß die Hoffnungen, die sie trotz allem in ihre Ehe gesetzt hatte, sich nicht realisieren ließen. Am 19. Mai 1935, zwei Tage, bevor sie Claude Clarac auf der französischen Botschaft in Beirut das Ja-Wort gab, schrieb sie Klaus Mann unter deutlicher Anspielung auf die Heirats-Avancen vom vorangehenden Herbst: «Siehst Du, jetzt erst realisiere ich es ganz, wie selten und fast unmöglich es ist, mit einem ‹neuen› Menschen so zu leben, wie ich es mit Dir ohne jeden Zweifel und ohne Schwierigkeit und wie gern vermöchte. Ich sehe aber, daß Claude davon nichts ahnt und ich ihn also auch nicht leiden mache – ich bin froh darüber, nur muß ich mich manchmal wundern, daß er nicht darauf verfällt, daß ich vielleicht, weit von Erika entfernt, nicht eben sehr glücklich sein könnte? Er hat die Gabe, alles mit Gleichmut so hinzunehmen, wie es sich ergibt, d. h., er lebt ganz und

1 «Briefe», a. a. O., S. 117
2 «Briefe», a. a. O., S. 120
3 an Klaus Mann, 8. 7. 1935, «Briefe», a. a. O., S. 133
4 «Das glückliche Tal», a. a. O., S. 49

Im persischen Schalus, am Eingang nach Scharis-Danek, Juli 1935: Claude Clarac, Barbara Hamilton-Wright und Annemarie Schwarzenbach

gar in der Wirklichkeit und quält sich deshalb wenig um das Vorher oder Weitentfernte ... »[1]

Claude Achille Clarac hatte für sich und seine Frau das prachtvolle schloßähnliche, von einem wundervollen Park umgebene Haus des persischen Prinzen Firuz Nosratdoleh in Fermanieh bei Teheran gemietet. In diesem Ambiente traute Annemarie sich zu, «den Sommer und den Herbst auszuhalten», «zumal ich hier zwar sehr einsam, aber in einem friedlichen Garten so ungestört leben kann, wie ich mag, und schon mit Fleiß, wenn auch nicht so ganz erfolgreich, an meinem Buch schreibe».[2] Sie habe sich «nun hier etwas eingebürgert», teilte sie Klaus Mann am 8. Juli 1935 mit. «Ich arbeite auch fleißig – jetzt, da das Manuskript an Friedrich[3] adressiert wurde, an einem Aufsatz für die ‹Schweizer Rundschau›, ein ehrenwertes Blättchen. Nachher wird geschwommen, und um 3 Uhr, wenn Claude schläft, fahre ich ins nächste Dorf und übe Klavier – wo? Auf dem Flügel der verlassenen deutschen Legation! Gegen Abend gibt es Reiten oder Spazierengehen – und am Abend dieses oder jenes, gesellschaftlich, manchmal nicht so öde wie doch meistens. Ich kränkle aber hartnäckig. Heute etwa spucke ich alles gleich aus, was ich zu essen versuchte. Und der düstere Zauber Persiens äußert sich auf verschiedene Weise, immer noch eindrücklich.»[4]

Nimmt man «Tod in Persien» wörtlich, so war Annemarie Schwarzenbach in jenen Wochen nach ihrer Heirat auch wieder anderen Zaubern als bloß landschaftlichen verfallen. So scheint das Morphium wieder fest zu ihrem Leben gehört zu haben, und auch die unstillbare Sehnsucht nach schwesterlicher Zärtlichkeit hatte wieder ein – allerdings

---

1 «Briefe», a. a. O., S. 130
2 im gleichen Brief vom 19.Mai 1935, «Briefe», a. a. O., S. 129
3 Sie hatte ihr Manuskript «Der Falkenkäfig» an Fritz Landshoff, den Leiter der deutschen Abteilung des Amsterdamer Querido-Verlags, gesandt.
4 «Briefe», a. a. O., S. 133

Im Lahr-Tal, Juli 1935

«Die Diener unseres Zeltlagers im Lahr»

hochproblematisches – Objekt gefunden. Es hieß Yalé, war die älteste Tochter des in Teheran stationierten türkischen Botschafters Akaygen und war schwer tuberkulosekrank. In «Tod in Persien» ist sie die verehrte und ersehnte Geliebte, und das «Glückliche Tal» ist in gewisser Hinsicht ein Trauerlied auf sie, hat sie sich doch zwei Jahre vor der Entstehung der endgültigen Fassung des Romans in Wien das Leben genommen. Zum letzten Mal hat Annemarie Schwarzenbach 1939/40 in «Der persische Gartenteich», einer Erzählung von «Die vierzig Säulen der Erinnerung»[1], der Verstorbenen gedacht.

Sommerferien im Lahr-Tal – die Entstehung von «Tod in Persien»

Aus gesundheitlichen Gründen, vor allem aber, um der drückenden Hochsommerhitze auf der Teheraner Hochebene zu entgehen, nahmen Claude und Annemarie Clarac mit Beginn der zweiten Julihälfte 1935 an einem Sommerlager teil, das Mitglieder der englischen Gesandtschaft im 2500 Meter über Meer gelegenen Lahr-Tal am Fuße des Demawend, etwa 80 Kilometer nordöstlich der Hauptstadt, veranstalteten. Das Hochtal wird von einem fischreichen Gebirgsfluß gleichen Namens durchzogen und besteht aus baum- und strauchlosem Weideland. Früher diente es gelegentlich dem Schah, der dort auch sein Gestüt übersommern ließ, als Sommerfrische. 1935 befanden sich außer einem primitiven Tschaikhane, einer Art Raststätte für die Benützer des Saumpfades über den Afjé-Paß, keinerlei feste Gebäude in der Hochebene, so daß die Urlauber aus Teheran in Zelten campieren mußten, die sie auf Maultieren und Pferden heraufttransportiert hatten. Dem Zeltlager dieser englischen Diplomaten und Kaufleute haftete allerdings kaum etwas Improvisiertes an, hatten sie doch durch ihre Dienerschaft

---

1 Ausgabe Miermont, a. a. O., S. 131–133

Persien, Juli 1935: im Jagdlager eines persischen Prinzen

alle Annehmlichkeiten eines Luxushotels in das einsame Bergtal hinaufschaffen und in den «Schweizer Hütten» genannten großräumigen Zelten unterbringen lassen.

Die luxuriöse Ferienatmosphäre vermochte aber Annemarie Schwarzenbach nur sehr bedingt aufzuheitern. Sie lebe, schrieb sie Klaus Mann am 9. August 1935, «seit 14 Tagen im Zeltlager, mit englischen Freunden, der Höhenluft, des blauen Himmels, der Nachtfrische, der Fische, der Maultier-Ritte und der Gesundheit wegen. Aber 2500 Meter ist h o c h und macht auch wieder Mühe. Die S o n n e hier ist ein Himmel- und Höllenspektakel ...»

Insgeheim «von Fieber und Heimweh und entsetzlicher Unruhe» geplagt, ist sie innerlich verzweifelter denn je. Nicht bloß Klaus Mann, sogar ihren Vater hat sie offenbar bereits mit ihrer ausweglosen Situation vertraut gemacht; bloß Claude, ihr Ehemann, merkt von all dem nichts: «Es ist dumm, daß Claude es nicht bemerken will oder begreifen kann, er ist, so liebenswert und geliebt als immer, ein solcher Schuljunge –»[1]

Wie so oft schon in Phasen tiefster Depression versucht Annemarie Schwarzenbach auch jetzt wieder, ihre Not schriftstellerisch zu kompensieren. Sie beginnt eine Art Tagebuch zu führen, das sie, wie aus dem Manuskript selbst vielfach erkennbar wird, für ihre letzte Aufzeichnung hält und das sie darum «Tod in Persien» nennt. Im bereits zitierten Brief vom 9. August 1935 an Klaus Mann schreibt sie: «Ich beginne jetzt, ein dünnes Heftchen kann es bestenfalls werden, eine Art unpersönliches Tagebuch über dieses glückliche Tal zu schreiben – das ist alles, was ich vorhabe.»

Die paradoxe Bezeichnung «unpersönliches Tagebuch» trifft allerdings für «Tod in Persien» noch in weit geringerem Maße zu als später für die definitive Fassung «Das glückliche Tal». Vieles, was dort nur noch angedeutet oder stark verfremdet ist, findet hier noch eine direkte Darstel-

---

1 «Briefe», a. a. O., S. 135/36

Blick vom Lahr-Tal auf den Demawend

lung. So ist das Zeltlager viel eingehender beschrieben, so tritt die Autorin selbst als weibliche Protagonistin und Ich-Erzählerin in Erscheinung, auch findet Ehemann Claude namentlich Erwähnung, und schließlich ist die Liebe zu Yalé klar als lesbische Beziehung deklariert. Die wiedererinnerten vorangehenden Reiseerlebnisse, die, in die Erzählung hineinverwoben, der Endfassung soviel Farbe und exotische Faszination verleihen, sind hier noch weitgehend unverbunden nebeneinandergestellt, wie denn überhaupt der hinreißende klagende Impetus, der «Das glückliche Tal» innerlich zusammenhält und trägt, hier noch gänzlich fehlt. Das Motiv des Tales als Ende der Welt und Ort des Todes besitzt aber nicht nur stimmungsmäßig wenig Überzeugungskraft, sondern ist auch von der Handlung her in Frage gestellt. Der Aufenthalt der Protagonistin wird hier nämlich noch unterbrochen durch einen längeren Besuch in Teheran, während dessen sie nicht nur an einem Ball des diplomatischen Korps teilnimmt, sondern auch eine Operation am Fuß vornehmen lassen muß, was einen achttägigen Spitalaufenthalt erfordert. Schließlich ist auch die Liebesepisode mit Yalé nicht, wie in der Endfassung, in die Vergangenheit, sondern in eben diesen eingeschobenen Teheraner Aufenthalt versetzt.

Wie zu vermuten, sind die meisten dieser Erlebnisse, die in «Tod in Persien» sozusagen ihren ersten unmittelbaren Niederschlag, aber noch kaum eine dichterische Verarbeitung erfahren haben, anhand der Korrespondenz auch biographisch faßbar. Am 26. August 1935 z. B. berichtete Annemarie Schwarzenbach Klaus Mann, wiederum aus Farmanieh: «Ich war wieder krank, jawohl, und dann wieder – acht Tage Spital, in der Stadthitze, habe ich gerade hinter mir – man mußte meinen Fuß öffnen...»[1] Auch von Yalé ist in diesem Brief die Rede. Annemarie Schwarzenbach war, nachdem sich die Hoffnung, Klaus Mann in Teheran

---

1 «Briefe», a. a. O., S. 138

Lahr-Tal, Juli 1935: Claude Clarac fotografiert seine
Frau Annemarie Schwarzenbach

beherbergen zu können, vorübergehend zerschlagen hatte, schon auf dem Sprung gewesen, mit ihr nach Istanbul zu fliehen, was Yalés Vater allerdings zu verhindern gewußt hatte. «Nun kommst Du also», schreibt sie Klaus Mann erleichtert, «ich wäre sonst mit meinem türkischen Mädchen, deren Vater uns das Leben unnötig verbittert, nach Stambul abgereist, so überdrüssig war mir alles hier – nun profitiert der Claude von Dir, und ich bleibe.»

Obwohl sie ihm das Reisegeld und eine von Claude ausgestellte Empfehlung der Teheraner französischen Gesandtschaft geschickt hatte, kam Klaus Manns Persienreise dann schliesslich doch nicht zustande. Auch die Kontakte zur türkischen Freundin scheinen wirksam unterbunden worden zu sein, und so versuchte Annemarie Schwarzenbach ihre Vereinsamung offenbar wieder einmal unkontrolliert mit Drogen zu bekämpfen.

Das Verhängnis wurde aber nochmals aufgehalten, als Barbara Hamilton-Wright, eine frühere Verlobte Claudes, in Teheran eintraf. Zu ihr konnte Annemarie Schwarzenbach eine neue Liebesbeziehung aufbauen, die mit Unterbrüchen etwa drei Jahre vorhielt und dank derer sie sich auch in Sachen Drogen wieder zu stabilisieren vermochte. Ja beim Zusammensein mit der Amerikanerin, der sie als eine Art Guide diente, begann ihr, wie bereits früher zitiert, sogar Persien wieder zu gefallen.

Im Rückblick auf den Sommer und den Herbst 1935, jene Zeit also, die in «Tod in Persien» protokolliert und in «Das glückliche Tal» zur Dichtung verarbeitet ist, gesteht sie Klaus Mann am 27. September 1935, kurz vor der Abreise nach Europa: «Lieber, ich habe, glaube ich, die Hölle an unfaßlichen Zuständen hinter mir. Nochmals sei es gesagt: wäre nicht – eben noch – Barbara eingetroffen und hätte mich zurückgeholt, ich hätte es nicht mehr geschafft, und auch den Entschluß nicht, wegzufahren ...»[1]

---

1 «Briefe», a. a. O., S. 140

Barbara Hamilton-Wright und Annemarie Schwarzenbach in Teheran

Annemarie fotografiert Barbara auf der Persien-Rundreise Herbst 1935

Ein neuer Anlauf:
Reisejournalistin in Europa und Amerika

Die drei Jahre, die zwischen dem gescheiterten persischen Experiment vom Sommer 1935 und der Niederschrift des «Glücklichen Tals» im Winter 1938/39 liegen, sind wohl die ruhelosesten, hektischsten im Leben Annemarie Schwarzenbachs. In die Schweiz zurückgekehrt, scheint sie, da die Beziehung zum Elternhaus äußerst gespannt blieb, wieder vermehrt Zuflucht bei der Familie Mann gesucht zu haben – nicht nur bei Klaus und Erika, sondern auch bei Thomas Mann in Küsnacht und nicht zuletzt auch bei Golo Mann, den sie nach einem Brief vom November 1935 an Klaus Mann «gerne geheiratet»[1] hätte. «Lieb und morphinistisch», notiert sich Thomas Mann ins Tagebuch, als sie am 5. November 1935 erstmals wieder in Küsnacht auftaucht.[2] Im gleichen Monat noch unterzieht sie sich in Prangins freiwillig einer Entziehungskur, die von Professor Forel persönlich geleitet wird, aber offenbar wenig erfolgreich ist. Wie aus den Briefen dieser Tage hervorgeht, ist die Klinikleitung so sehr damit beschäftigt, lesbische Beziehungen unter den Patientinnen zu bekämpfen, daß die Drogentherapie eher zur Nebensache verkommen muß. Schon Ende November 1935 ist Annemarie Schwarzenbach wieder in Zürich, fährt am 5. Dezember mit Thomas Mann und Familie zum «Pfeffermühle»-Gastspiel nach Basel und hält sich dann, geplagt von schweren Ausfallerscheinungen, in ihrem Haus in Sils Baselgia auf. Dort hat sie über Weihnacht-Neujahr 1935/36 Klaus und Erika Mann zu Gast, verwickelt sich aber

---

1 «Briefe», a. a. O., S. 142
2 Thomas Mann: «Tagebücher 1935 – 1936». Herausgegeben von Peter de Mendelssohn. S. Fischer-Verlag, Frankfurt 1978, S. 201: «Konzert in der Tonhalle, Haydn-Symphonie unter Schoeck. Serkin spielte Beethoven und Schumann. Begegnung mit Wölflin. Nachher Souper bei Reiffs mit den konzertierenden Künstlern und ihren Frauen; später Erika, Klaus und A. M. Schwarzenbach, lieb und morphinistisch. Freundschaft mit Schoeck, der vom Wagner-Aufsatz schwärmte.»

In Teheran, Herbst 1935

gleichzeitig in eine leidenschaftliche Liebesaffäre mit einem Herrn Maquinay[1] und beherbergt schließlich auch noch die Berliner Freundinnen Lisa von Cramm, Inge Westenarp und Margot Lind, welch letztere ihr in diesen Monaten sehr nahestand und die sie im Sommer 1935 am liebsten mit nach Teheran zu ihrer Heirat mit Claude Clarac mitgenommen hätte. Für den 28. Januar 1936 läßt sich auch erstmals eine Begegnung mit der Baronesse Margot von Opel, Ehefrau des Rennfahrers und Industriellen Fritz von Opel, belegen – eine Bekanntschaft, die sie 1940 in Amerika in die allerschlimmsten Verhängnisse ihres Lebens stürzen sollte. Daß der Roman «Tod in Persien», den sie in diesen Wochen fertigstellte, ob all den *troubles* kein ausgereiftes Meisterwerk werden konnte, liegt auf der Hand, und es ist denn auch nirgends ein Hinweis darauf zu finden, daß die Autorin ihr Manuskript einem Verlag angeboten hätte. Klaus Mann, dem sie es zu lesen gab, notierte sich im Tagebuch, das Typoskript sei «Material zu einem interessanten Roman», mehr nicht.[2] Dagegen versuchte sie noch immer, ihren Erzählband «Der Falkenkäfig», den sie als literarisches Pendant zum längst veröffentlichten, journalistisch gehaltenen «Winter in Vorderasien» verstand, bei einem Verlag unterzubringen, wozu ihr, wie bereits gezeigt worden ist, nicht nur Klaus, sondern auch Thomas Mann behilflich war.

Kurz bevor Thomas Mann ihretwegen an seinen Verleger Bermann-Fischer schreibt[3], ist er persönlich zu Besuch in Annemarie Schwarzenbachs Haus in Sils Baselgia gewesen,

---

1   Am 22. Januar 1936 schreibt sie Erika Mann («Briefe», a. a. O., S. 144): «Kodein gibt es nun doch, und an Herrn Maquinay habe ich einen Abschieds-Brief geschrieben, der sich gewaschen hat. So vernichtend logisch und edel-verzichtend, wie er ist.»
2   Klaus Mann, «Tagebücher 1936 bis 1937», München 1990, S. 59
3   Thomas Manns Tagebuch-Notiz vom 29. 7. 1936 findet übrigens keine Bestätigung im 1973 von P. de Mendelssohn edierten Briefwechsel Thomas Mann – Gottlieb Bermann-Fischer. Es findet sich dort weder ein Brief mit diesem Datum, noch wird Annemarie Schwarzenbach sonstwo erwähnt.

Winter 1935/36: mit dem Mercedes in St.Moritz

wo zu jener Zeit außer Erika Mann und Therese Giehse auch Golo Mann wohnt. «Hinüber in Anne-Maries altes, wunderliches Haus, das wir in Augenschein nehmen. Golo dort zu Gast», notiert er sich am 23. Juli ins Tagebuch. Die folgenden Tage verbringt man mit gemeinsamen Spaziergängen, bei denen stets auch Annemarie Schwarzenbachs Airedale-Terrier ‹Doktor›[1] mit dabei ist, der Zwillingsbruder von Thomas Manns Hund ‹Toby›. Am 27. Juli bringt sich die Gastfreundin bei den Manns im Hotel Margna auch als Dichterin in Erinnerung. An diesem Tag heißt es im Tagebuch Thomas Manns: «Dann hinüber zu den Damen. Anne-Marie las zwei persisch-syrische Novellen-Studien. Lindenblüten Thee. Der Hund Doktor sehr erheiternd.»[2]

Im übrigen hält sich Annemarie Schwarzenbach in jenem Jahr 1936 wiederum so häufig als möglich da auf, wo auch Erika Mann zu finden ist. Im Mai sucht sie die Freundin in London auf, begleitet sie dann nach Paris und verbringt mit ihr und Klaus Mann zusammen im Juni Ferien auf Mallorca. Auch im Oktober 1936, als sie, einer Einladung Barbara Hamilton-Wrights folgend, in Amerika eintrifft, begegnet sie wie zufällig wieder Erika Mann, die dort das amerikanische Debüt der «Pfeffermühle» vorbereitet. Wie die Briefe Erika Manns an ihre Mutter zeigen, scheint das Verhältnis der beiden Frauen damals jedoch zunehmend schwieriger geworden zu sein. Nach einer schweren Blutvergiftung, die wohl mit dem Drogenkonsum zusammenhing – der «störrische Unglücksengel» bereite ihr und den Ärzten «durch die höhere Unvernunft» viel Ärger, meldete Erika Mann (wie bereits einmal zitiert) der Mutter nach Küsnacht[3]–,

---

1   Der Hund hieß zuerst ‹Doktor Dollfuß›, mußte sich dann aber aus Pietät mit dem bloßen Titel begnügen, nachdem der österreichische Bundeskanzler dieses Namens ermordet worden war.
2   Thomas Mann, «Tagebücher 1935–1936», S. Fischer-Verlag, Frankfurt 1978, S. 339
3   am 24. 10. 1936. Abgedruckt in Erika Mann: «Briefe und Antworten», a. a. O., Bd. I, S. 100

Bei Marie-Louise Bodmer in Hergiswil mit Hund ‚Doktor'

verzögerte sich die Abreise zu einer Reportertour in die Industriestädte des Nordens bis in den Januar 1937 hinein. In Pittsburgh sammelte sie Material für zwei größere engagiert-sozialkritische Artikel.[1] Nach weiteren Auseinandersetzungen mit Erika Mann verließ Annemarie Schwarzenbach Amerika aber schon bald wieder und zog sich nach Sils zurück. Im Frühsommer 1937 bereiste sie dann, zum Teil zusammen mit Barbara Hamilton-Wright, die baltischen Staaten, Skandinavien und die Sowjetunion. In Moskau, wo sie zuletzt im August 1934 mit Klaus Mann zusammen am Kongreß der sowjetischen Schriftsteller gewesen war, hatte der Name der jungen antifaschistischen Schweizerin aus kapitalistischem Hause einen guten Klang, und so gelang es ihr ohne Schwierigkeiten, den dort archivierten Nachlaß des kurz vorher auf tragische Weise ums Leben gekommenen Schweizer Bergsteigers Lorenz Saladin zu behändigen, den sie in den folgenden Monaten zu ihrer Biographie «Lorenz Saladin, ein Leben für die Berge»[2] verarbeitete. Zu dem in großen Teilen in der Binswanger-Klinik in Kreuzlingen entstandenen Buch ließ sich Annemarie Schwarzenbach in der «Zürcher Illustrierten» wie folgt vernehmen: «Durch einen Zufall hörte ich im Mai 1937 in Zürich Saladins Geschichte. Ich trat mit seinem Bruder Peter in Verbindung, einem Taxichauffeur, der mir die letzten Briefe ‹Lenzlis› und einen Brief von dessen Freund Gog Harlampiew aus Moskau zu lesen gab. Peter wünschte sehr, da er selbst kei-

---

1 «Die ‹eiserne Stadt› Amerikas», in «Die Weltwoche», 26. 3. 1937 (abgedruckt in «Auf der Schattenseite», a. a. O. S. 138–143), und «Bei den vereinigten Bergarbeitern Amerikas», in «ABC», Zürich, 13. 5. 1937
2 Das Buch erschien, mit einem Vorwort von Sven Hedin versehen, 1938 bei Francke in Bern und war, vom Verkauf her gesehen, Annemarie Schwarzenbachs erfolgreichste Publikation. 2007 kam das Buch, herausgegeben und mit einem Essay versehen von Robert Steiner und Emil Zopfi, im Lenos-Verlag, Basel, neu heraus. – Lorenz Saladin, geb. 1896, war 1936 nach der geglückten Erstbesteigung des 7200 Meter hohen Khan Tengri im russischen Tien-Schan-Gebirge an den Folgen von Erfrierungen gestorben.

nen Urlaub bekommen konnte und auch kein Geld hatte, es würde jemand nach Sowjetrußland fahren und Saladins Hinterlassenschaft holen.»[1] Daß Annemarie Schwarzenbach sich – abgesehen von den Zufällen des von dritter Seite kommenden Auftrags – für Lorenz Saladin eher seines abenteuerlichen Lebens als seiner Bergbegeisterung wegen interessierte, liegt auf der Hand. Jedenfalls dürfte sie sich in der Art und Weise, wie sie in ihrer Biographie den Typus des Abenteurers definiert, zum Teil auch selbst wiedererkannt haben: «Es gehört zu den Merkmalen, an denen man den ‹Abenteurer› erkennt, daß er sein Schicksal nicht fest in der Hand hat, daß sein Lebenslauf weder auf ein Ziel gerichtet noch von einer Idee getragen, einem Inhalt erfüllt ist, mag dieser Inhalt groß oder bescheiden, nach außen sichtbar und wirksam oder eine innere Kraft, ein Wesenszug sein. Mangelnder Inhalt und Mangel an Haltung bedingen sich meistens gegenseitig, beides ist häufig dem Abenteurer eigentümlich, dessen ‹Drang in die Ferne› dann identisch wird mit Flucht und Ausflucht, Ausweg und Irrweg. Er flieht, um der Begegnung mit seinem Schicksal auszuweichen, und seine Existenz wird zu einer Kette von Zufällen – mag er dieselben auch tatkräftig und selbst heroisch meistern, so ist er doch nicht seines Schicksals Schmied.»[2]

Die unmittelbaren journalistischen Resultate der Reise nach Nord- und Osteuropa – zwei Reportagen sind schon zu Lebzeiten in der Zeitschrift «ABC» veröffentlicht worden, das «Baltische Tagebuch» wurde 1990 und 2005 gleich zweimal publiziert[3] – zeigen auf, wie intensiv Annemarie Schwarzenbach sich nun mit dem Gesehenen und Erlebten auseinanderzusetzen begann und wie klar sie angesichts der

---

1 «Zürcher Illustrierte», 29. Oktober 1937
2 In der Neuausgabe von 2007, a. a. O., S. 18/19
3 «Bei Studenten in vier Ländern» (24. 6. 1937) und «Billige Häuser, Gummistiefel und praktischer Sozialismus» (22. 7. 1937) erschienen in der Zeitschrift ABC, das «Baltische Tagebuch» 1990 in «Auf der Schattenseite» und 2005 in «Insel Europa».

angesprochenen sozialen und politischen Problematik auch von ihren eigenen Nöten zu abstrahieren vermochte.

Im August 1937 war sie wieder in Sils, wo sich bald einmal eine wahrhaft bunte Schar von Feriengästen im Jäger-Haus zusammenfand: Barbara Hamilton und ihr Freund Michael Logan, Klaus Mann und sein Freund Thomas Quinn Curtiss, und nicht zuletzt auch Claude Clarac, der zwar in Michael Logan verliebt war, von einer Scheidung seiner Ehe mit Annemarie jedoch nichts wissen wollte ...

Die zweite Amerika-Reise, zu der sie Ende September 1937 zusammen mit Klaus Mann und Barbara Hamilton aufbrach, führte zumindest journalistisch zu mehr und bemerkenswerteren Resultaten als die erste. Von New York aus reiste sie zusammen mit Barbara Hamilton-Wright im eigenen Wagen nach dem amerikanischen Süden, besuchte Anfang November 1937 die als kommunistisch verschriene «Highlander Folk School» in Monteagle, Tennessee, und beobachtete, beschrieb und fotografierte mit wachem Interesse und kritischem Blick die sozialen Auseinandersetzungen in besonders krisengeschüttelten Industriegebieten, wobei ihr besonderes Augenmerk den sich zunehmend emanzipierenden Gewerkschaften galt.[1]

«Brauchbar, erwachsen, zuverlässig sein» – das Ringen mit der Drogenabhängigkeit

Während dieser abwechslungsreichen Reise scheint Annemarie Schwarzenbach, die auf der Überfahrt nach Amerika noch hohe Dosen eines «von dem Chinesen erworbenen Teufelspulvers» zu sich genommen hatte, «um Erika

---

[1] Die Früchte dieser Reporterfahrt waren vier umfangreichere Artikel, von denen einer in der «Weltwoche» vom 15. 4. 1938 («... um die Ehre der amerikanischen Südstaaten») und drei im «ABC» erschienen: «Unbekanntes Amerika» (9. 12. 1937), «Im amerikanischen Südosten» (23. 12. 1937) und «Streik in Lumberton, North Carolina» (27. 2. 1938). Alle 4 Artikel sind in «Auf der Schattenseite» nachgedruckt worden.

«Sonntag, 14.Februar 1937, «Besuch von Annemarie»

überhaupt begegnen zu können»[1], weitgehend *clean* gewesen zu sein.[2] Erst in New York, vor der Begegnung mit Erika Mann, suchte sie erneut Zuflucht bei der Droge – wiederum, weil sie sich vor der Freundin «als ‹vernünftiger Mensch› benehmen und präsentieren können» wollte. Und die gleichen Motive scheinen dann auch dafür ausschlaggebend gewesen zu sein, daß sie sich während der Rückfahrt auf dem Schiff heimlich «zwei Ampullen geben» ließ. In ihrer verzweifelten Angst vor der Vereinsamung fürchtete sie, durch entzugsbedingte Depressionen die Freundschaft mit den Geschwistern Mann aufs Spiel zu setzen, und versuchte sich durch eine eingeschränkte Dosierung so gut als möglich bei Laune und psychisch stabil zu halten. Als Klaus Mann, der mit auf dem Schiff war, ihr dennoch auf die Schliche kam und ihr vorwarf, sie mache sich durch die Droge in einem entscheidenden Moment des Kampfes gegen Hitler sozusagen unbrauchbar, raffte sie sich zu einem eigentlichen Versprechen auf, für die Freunde in Zukunft *clean* und unproblematisch zu sein. Im bereits erwähnten Brief an Klaus Mann vom 18. März 1938 heißt es: «Ich will keine Rückfälle in jene Zeit, als ich Erika immer nur b r a u c h t e : um von meiner Mama wegzukommen, um mich von Claude scheiden zu lassen, um einen Lebens-Mittelpunkt zu haben, um das Morphium zu überwinden, um das Bein zu heilen, um Sils zu gründen, um mich vor mir selbst zu legitimieren, … ich will brauchbar, erwachsen, zuverlässig, für Erika ein Freund sein statt eines Sorgenkinds.»[3]

Ihrem im gleichen Brief geäußerten Versprechen, sie sei «gesund und brav und verfügbar, um über die österreichische Grenze zu fahren» ließ sie alsbald Taten folgen. Drei Wochen nach dem deutschen Einmarsch in Wien (12.3.1938)

---

1 an Klaus Mann, 18. 3. 1938, «Briefe», a. a. O., S. 163
2 «Dann ging es drei Monate lang prächtig – während der Südstaaten-Reise und solange es viel Arbeit gab.» (an Klaus Mann, 18. 3. 1938, «Briefe», a. a. O., S. 163)
3 an Klaus Mann, «Briefe», 18. März 1938, S. 165

Im Frühling 1938 im nationalsozialistisch gewordenen Wien

befand sie sich schon in der Hauptstadt des angeschlossenen Österreich, stellte im Auftrag Klaus Manns den Kontakt zwischen der deutschen Emigration und dem in den Untergrund gedrängten antifaschistischen Österreich her und versuchte ihre Eindrücke in unverstellt parteiischen, von echtem Engagement getragenen Artikeln zusammenzufassen.[1]

Noch einmal scheint die interessante Aufgabe Annemarie Schwarzenbach einige Zeit über Wasser gehalten zu haben. Dann aber war sie mit ihren Kräften am Ende. Mit der Intention, sie wolle wieder «verfügbar» werden im Kampf gegen den Faschismus, begab sie sich Anfang Mai 1938 nach einer besonders schlimmen Drogenvergiftung freiwillig in die Privatklinik «Chesa Dr. Ruppaner» in Samedan. Angesichts der Bedrohung durch Hitler, schrieb sie am 14. Mai 1938 an Klaus Mann, wolle und könne sie sich nicht mehr «die geringste Konzession an die Erleichterung der Droge» erlauben. «Glaube mir, ich habe es eingesehen. Seltsam ‹ergeben› und entschlossen warte ich in der Geborgenheit meiner sehr komfortablen ‹Chesa Ruppaner› auf die Ausfallserscheinungen.»[2]

Aber die Sucht war stärker, und die Intervalle zwischen Entlassung und Einlieferung in die Klinik schrumpften immer mehr zusammen. Nach wenigen Wochen in Sils brach sie am 7. Juli 1938 wieder völlig zusammen[3], und die El-

---

1   Erscheinen konnte – im «Luzerner Tagblatt» – nur «Fahrt durch das befreite Österreich». In «Insel Europa», a. a. O., S. 181–218 sind 2005 nebst dem erwähnten auch die Artikel «Massenverhaftungen im österreichischen Offizierkorps – Nationalsozialismus ohne Maske?», «Ein paar Schuhe fallen in den Inn» und «Unfreiwilliger Streik der Prager Korrespondenten» publiziert worden. – Laut ihrer Schwester soll Annemarie Schwarzenbach damals mittels ihres Diplomatenpasses auch zahlreichen österreichischen Antifaschisten zur Flucht in die Schweiz verholfen haben.
2   «Briefe», a. a. O., S. 166/67
3   Thomas Mann erhielt laut Tagebucheintrag vom 7. Juli 1938 durch Therese Giehse telefonisch aus Sils Bescheid über den Vorfall. («Tagebücher 1937–1939». Frankfurt 1980, S. 251)

tern sorgten diesmal dafür, daß sie nach Kreuzlingen in die geschlossene Abteilung der berühmten «Klinik Ludwig Binswanger» gebracht wurde. Dort ging es ihr anscheinend schon bald wieder besser. Sie schloß ihr Buch über Lorenz Saladin ab und setzte alle Hebel in Bewegung, um so bald als möglich wieder freizukommen. Mitte August war sie tatsächlich wieder in Sils und konnte dort bereits wieder Thomas Mann zum Tee in ihrem Haus begrüßen.[1]

Im September 1938 reiste Annemarie Schwarzenbach nach Prag, von wo sie, bevor am 23. September die Flughäfen und Grenzen im Zuge der tschechischen Mobilmachung geschlossen wurden – es war die Zeit des «Münchner Abkommens» –, gerade noch rechtzeitig freikam und mit einer Swissair-Maschine in die Schweiz zurückfliegen konnte. Dann war es wieder soweit: Mitte Oktober 1938 begab sie sich freiwillig nach Yverdon in die Klinik Bellevue und in die Obhut einer Frau Dr. Gustava Favez, die ganz offenbar mit zärtlicher Zuneigung und viel Einfühlungsvermögen erreichen wollte, was Ludwig Binswanger mit seinen eher repressiven Methoden versagt geblieben war.

Yverdon, Winter 1938/39: «Das glückliche Tal»

Sie bedeuten in ihrer ruhelosen Biographie etwas wie einen Marschhalt, diese knapp vier Monate, die Annemarie Schwarzenbach damals in Yverdon zubrachte. Sie ist in dieser Klinik liebevoll behütet, fühlt sich aber nicht eingeengt, darf jederzeit einen Abstecher nach Malans zu der ihr in diesen Tagen besonders nahestehenden Freundin Anita Forrer machen und kann zunehmend auch Besuche wie diejenigen von Ella Maillart empfangen – Kontakte, die geeignet sind,

---

1 Bei dieser Gelegenheit überreichte sie ihm wohl auch ihre USA-Reportagen, die er am 20. August 1938 im Tagebuch (a. a. O., S. 272) lobend erwähnt: «Las einen gestern Nacht begonnenen recht guten Artikel von Annemarie Clarc über die amerik. Südstaaten zu Ende.»

sie etwas von ihrer Fixierung auf die Geschwister Mann abzubringen. Wenn sie so lange in dieser Klinik bleibt, so ist daran zum einen ihre Verliebtheit in die «Doctoresse Favez» schuld[1], zum andern aber auch das Manuskript, an dem sie in ihrem Spitalzimmer, weit weg vom ursprünglichen Schauplatz, mit ganzer Leidenschaft, Verbissenheit und bisher noch nie aufgebrachter Konzentration arbeitet: «Das glückliche Tal».

Über all die Wirrnisse und Verstrickungen der letzten drei Jahre hinweg war in ihr die Erinnerung an jenes persische Hochtal lebendig geblieben: als ein Augenblick der intensiven Selbstbegegnung, als eine Art Erleuchtung, die ihr das eigene Schicksal mit einem Mal klar vor Augen gestellt hatte. Am 9. Mai 1938 schon, als sie sich eben in die Samedaner Klinik zur Entziehungskur begeben hatte, war ihr schlagartig bewußt geworden: «In Persien, im verlorenen Hochtal, am Ende der Welt, hatte ich zum ersten Mal einen der seltenen Augenblicke fast hellseherischer Klarheit, wobei man sich plötzlich deutlich im komplizierten Netz der Umwelt und seines Schicksals sieht und dieses Netz mit Ursachen und Folgen, Vergangenheit, Gegenwart und Zukunft, ‹begreift›.»[2] Jetzt, in der klösterlichen Welt der Yverdoner Klinik, gelang es ihr, diesen visionären Augenblick von 1935 nochmals zu vergegenwärtigen und unter Aufbietung aller Kräfte schriftstellerisch festzuhalten. Obwohl es im Text selbst tabu ist, spielte im Entstehungsprozeß der Urfassung «Tod in Persien» das Rauschgift eine wichtige Rolle und trug wohl auch die Schuld an ihrem Mißlingen. Die «persische Krankheit» habe sie damals «stets durch das Medium

---

1 «... ich habe mich auf das Gefährlichste an meine doctoresse attachiert. ... Jetzt ist s i e schon so weit, sich Vorwürfe zu machen, während i c h nicht weg will ...» (an Klaus Mann, Ende Januar 1939, «Briefe», a. a. O., S. 173). Gustava Favez soll Annemarie Schwarzenbachs wegen ihre Stelle verloren haben und trat zu Dr. Forel nach Prangins über.
2 an Klaus Mann, 14. 5. 1938, «Briefe», a. a. O., S. 166

der Droge sozusagen ‹gebrochen› und träumend besänftigt», hatte sie am 2. Juni 1937 Klaus Mann erklärt.[1] In der nun entstehenden endgültigen Fassung «Das glückliche Tal» ist die Droge unter dem Stichwort Magie mit ein Thema, und die radikale Ehrlichkeit, die dieses ganze Buch prägt, geht so weit, daß zwar von der «Absage an die Magie» die Rede ist, diese Absage aber gleichzeitig schon wieder als Lüge erscheint, weil die Ursache des Übels weiterbesteht, weil durch Yalés Tod die Lösung des tiefsten und bedrängendsten Problems wiederum in weite Ferne gerückt ist: «Ich fürchte mich. Ich fürchte mich vor der Einsamkeit.»

Die pragmatische, psychologisch schlüssige Haltung dem Drogenproblem gegenüber hängt sicher mit der Entziehungskur zusammen, mit welcher die Niederschrift des «Glücklichen Tals» ja unentwirrbar verflochten ist. Man findet immer wieder Passagen, deren halluzinatorischer Tenor gut durch das Stimulans der Droge mitbestimmt sein könnte, von dem die Verfasserin ja damals erst allmählich entwöhnt wurde. Die abgrundtiefe Traurigkeit, die im Verlauf des Textes immer stärker zum Durchbruch gelangt, könnte dagegen sehr wohl etwas mit den Entzugserscheinungen zu tun haben, wie sie bei der ohnehin depressiv veranlagten Patientin bestimmt mit ziemlicher Intensität auftraten.

Weit wichtiger als solche medizinische Faktoren war jedoch der Umstand, daß Annemarie Schwarzenbach sich, als sie ihr ureigenstes Lebensproblem in der ihr gemäßen Form eines Klagelieds zu gestalten begann, in eine Art Schreibeuphorie hineinzusteigern vermochte, die das Stimulans der Droge bald einmal überflüssig machte. In einem Brief von Ende Januar 1939 schilderte sie Klaus Mann diese heilsame orgiastische Schreibwut sehr anschaulich. «Ich schreibe an einem sonderbaren Werkchen», heißt es da, «und habe in meinem Leben noch nie so angestrengt gearbeitet. Ich wollte hinzusetzen: ‹unermüdlich› – aber, genau betrachtet,

---

1   «Briefe», a.a.O., S.159

bin ich am Rand der Erschöpfung, und meine Doctoresse Favez wird mich wohl demnächst zwangsweise verschicken, weil sie, wie sie sagt, der Quälerei nicht mehr zusehen kann. Ich schreibe morgens, mittags, abends, treibe nichts anderes, und bringe auf diese Weise täglich nur etwa zwei Seiten fertig. Aber Du mußt wissen, das es etwa so ist, als schriebe ich täglich zwei G e d i c h t e (was nicht heißt, mir gelinge reine Poesie, sondern nur die ungeheure Konzentration näher umschreiben soll). Und wüßte ich nun, daß es ganz schlichthin gut und gar verwendlich wird, dieses Sinngedicht! Meine orientalischen Erinnerungen werden darin gewissermaßen abgeklärt, gedeutet, symbolisch umgewandelt – und es ist alles wie ein Notschrei und schrecklich mühsam. Allmählich werde ich auch närrisch dabei: jetzt schließe ich schon die Vorhänge, verstopfe die Ohren mit Watte und w e i n e, wenn mich eine sanfte Schwester stört.»[1]

Erwartungsgemäß weist das Manuskript, das unter solch extremen Bedingungen zwischen Mitte Oktober 1938 und Anfang Februar 1939 in Yverdon entstand, bald darauf unter nicht mehr rekonstruierbaren Umständen vom Zürcher Morgarten-Verlag erworben und wohl ohne irgendwelche Änderungen in Satz gegeben wurde[2], gewisse Mängel auf: zum Beispiel die erörterte, wenig glaubwürdige Metamorphose der spezifisch weiblich empfindenden Protagonistin in einen männlichen Ich-Erzähler und die daraus resultierende, nur sehr oberflächliche Umwandlung des unverkennbar lesbischen Liebesverhältnisses in ein heterosexuelles; dann

---

1 «Briefe», a. a. O., S. 172/3
2 Es ließ sich kein Typoskript ausfindig machen. Nach Auskunft der Rechtsnachfolger des Morgarten-Verlags sind sämtliche Unterlagen aus jenen Jahren vernichtet worden. Die Erstausgabe war mit Zeichnungen von Eugen Früh ausgestattet. – Aus einem Brief vom 5. 4. 1939 an Martin Hürlimann geht hervor, daß Annemarie Schwarzenbach ihren Roman zu jenem Zeitpunkt auch dem Atlantis-Verlag angeboten hatte. (Laut Andreas Tobler, Einleitung zu Annemarie Schwarzenbach, «Briefe an Margret Boveri», in: Fähnders/Rohlf, «Annemarie Schwarzenbach», a. a. O., S. 283)

aber auch der Schluß des Ganzen, der wohl deshalb nicht so recht zu befriedigen vermag, weil der Kulminationspunkt der Thematik und Motivik doch eigentlich der Tod wäre, während die Erzählerin, die so ganz aus sich selbst heraus und von sich selbst spricht, jenes persische Experiment eben doch überlebt hat. Hinzu kommen die Gefahren, welche die immerfort in Schwung gehaltene starke Gefühlsintensität mit sich bringt. Das Abgleiten in Sentimentalität zumindest ist nicht immer restlos vermieden, vor allem da nicht, wo sich Annemarie Schwarzenbach, statt im monologischen Klagegesang, in Dialogen versucht.

Diesen Mängeln aber stehen Vorzüge gegenüber, wie sie kein anderes Werk der Autorin aufzuweisen hat, Vorzüge, die ihr auch im weiteren literarischen Kontext jener Jahre eine eigene Stimme ermöglichen. Zum einen ist es Annemarie Schwarzenbach im «Glücklichen Tal» wie nirgends sonst gelungen, ihre Berufserfahrungen, die sie sich seit 1933 als Reisejournalistin hatte erarbeiten können, mit der ihr ganz besonders adäquaten Form des lyrisch getönten persönlichen Bekenntnisses in Einklang zu bringen. Zum andern aber vermochte sie, obwohl es sich um die Verdichtung von ganz persönlichen Erfahrungen handelte, doch auch jener Grundwelle von Angst und Resignation Ausdruck zu geben, die in der unmittelbaren Vorkriegszeit, erschreckt durch die Bedrohung des Faschismus, gerade die Besten an der Zukunft verzweifeln ließ.

In einen feingewobenen orientalischen Teppich, wunderlich nur schon durch die meisterlich verwendete Magie der exotisch klingenden Namen, hat sie all jene Themen und Motive, mit denen sie ihr ganzes Leben lang immer wieder neu und schmerzlich konfrontiert war, eingearbeitet, zu Bildern geformt und zu hinreißender Klage verdichtet: die Einsamkeit und das Alleinsein, die grundlose Traurigkeit, die Erschöpfung, die Krankheit und die Hoffnungslosigkeit, die Angst vor dem Leben und vor dem Tod, die Flucht in den Rausch und den unstillbaren Hunger nach Liebe und Zärtlichkeit, die Ungeduld, die Rastlosigkeit, das trotzige

Aufbegehren gegen Herkunft und Bürgerlichkeit, die Erfahrung der Freiheit als letztes Verworfensein, das Heimweh, die Qualen der Erinnerung und schließlich die Sehnsucht nach der Süße jenes Schlafes, aus dem es kein Erwachen mehr gibt.[1]

Außerhalb der «Condition humaine»? – Standortbestimmung in einem Brief an Anita Forrer

Die Arbeit am «Glücklichen Tal» war abgeschlossen, Klinikleiter Professor Georgi hatte ihr versprochen, sie werde in den nächsten Tagen aus der geschlossenen Abteilung in die Dependance übersiedeln dürfen, wo den Patienten größere Freiheiten gewährt wurden, eben war aus Sils der Grammophon eingetroffen und hatte sie sich erstmals ihr Lieblingsstück, Mozarts «Alleluja», angehört, als Annemarie Schwarzenbach sich am 26. November 1938 hinsetzte und mit der Maschine einen langen Brief an Anita Forrer, ihre zu jener Zeit nächste Freundin, zu schreiben begann. Die Situation, in der sie sich befinde, «enthält soviel Beschämendes, soviel, was gegen die Würde verstößt, soviel Peinlichkeit – und je gesünder ich werde, um so härter ist es, sich damit abzufinden, daß man sich fügen muß», umschrieb sie ihre Lage, kam dann aber sofort darauf zu sprechen, daß sie sich nicht abfinden k ö n n e. «Warum ich Mittel brauchte – Schlafmittel, Stärkungsmittel und endlich das Furchtbare, die Spritze. Warum ich mich nicht dabei beruhigen kann oder will, das Leben so zu nehmen, wie es ist, die Menschen

---

1   Daß Annemarie Schwarzenbach mit ihrem Buch innerhalb einer literarischen Produktion, die zumeist von den Zielen der geistigen Landesverteidigung bestimmt war und Positiv-Aufbauendes liefern wollte, hoffnungslos im Abseits stand, braucht nicht mehr besonders betont zu werden. Jedenfalls hat «Das glückliche Tal» bei seinem ersten Erscheinen weder in der Kritik noch beim Publikum ein nennenswertes Echo ausgelöst. «Zu meiner Überraschung bekam ich bis heute kein böses Wort zu hören», faßt die Autorin die Rezeption in ihrem Brief vom 10. März 1940 an Carl Jacob Burckhardt zusammen. (Briefe an Carl Jacob Burckhardt, a. a. O., S. 260)

Eine nicht lokalisierbare Aufnahme von 1936/37

so zu lassen, wie sie sind, mich selbst zu sehen und zufrieden zu sein, wie ich bin.» Und die Antwort, die sie sich selbst darauf gibt, ist für alle, die ihr ruheloses Leben kennen, zwar nicht überraschend, in dieser Klarheit aber doch unerwartet: «Das U n g e n ü g e n plagt mich: schon in Fetan habe ich nachts Kola Dulz oder ein ähnlich heißendes Mittel geschluckt, um länger wach bleiben und arbeiten zu können! (...) Es war ... die gleiche Idee, wie später, als ich Eukodal nahm.» Nicht Ehrgeiz und mangelnde Anerkennung sei der Grund dafür gewesen, sondern die Abwehr gegen das Fremdbestimmtwerden («die Auflehnung, der Schrecken, die ich jeden Morgen empfinde, wenn ich geweckt werde») und die Tatsache, daß man sie zwinge, sich mit Dingen zu beschäftigen – «Fußball oder Kakteensammlung, Gesellschaften oder Vergnügungsreisen, Strickarbeiten oder Nagelpflege, Patriotismus oder Kinderfürsorge oder: ja, oder sogar Politik im üblichen Sinn» –, die in keinem Zusammenhang ständen «mit dem ‹Wichtigeren›, dem, worauf es ankommt, (...) oder, um es vielleicht genauer und besser zu sagen: mit der ‹Wahrheit›, etwas Absolutem also. Ist dies nicht der Fall, dann scheint mir jeder Satz leer, jede Erklärung in der Luft zu hängen, s i n n l o s .» Als sinnvoll aber kann sie nur das Schreiben ansehen, und zwar nicht das Schreiben von Artikeln, das sei schon ein Kompromiß. «Eigentlich möchte ich nur so schreiben, wie ich das ‹Glückliche Tal› geschrieben habe: absorbiert, aufgefressen von Eindrücken, von Bildern, von Sinnbildern, von Fäden, die unsere Welt und unser Leben mit etwas Anderem verbinden, mit dem ‹Zipfelchen vom Mantel Gottes›, den wir in der Idee der Schönheit, im Ideal der Gerechtigkeit, ahnen und greifen können und der uns Menschen die Gewähr dafür gibt, daß wir mit Gott in Beziehung stehen, daß wir göttlichen Ursprungs sind.» Annemarie Schwarzenbach greift also die an Stefan George geschulte frühe Auffassung von Dichtung als einer Art Gottesdienst wieder auf, verbindet sie nun aber – die zwei Amerika-Reisen dürften ihr dazu genügend Anschauungsmaterial geliefert haben – mit der Idee der Gerechtigkeit. Und kommt von diesen Prämissen her auf eine Deutung der zeitgenössischen gesellschaftlichen und politischen Situation, die aus dem Munde einer Schweizer Industriellentochter und Enkelin von General Wille alles andere als selbstverständlich ist. Mit 16 Jahren, als ihr das Bild vom Mantelzipfelchen Gottes erstmals eingefallen sei, habe sie sich mit künstlerischen Dingen befaßt und habe nicht ahnen können, «wie gewaltig das Problem erst sein würde, wenn ich anfinge, die R e a l i t ä t zu prüfen». Und fügt dann an: «Um ein simples Beispiel zu nennen: die menschlichen Institutionen – Regierungen, Begriffe der Gesellschaftsordnung und der Justiz – sind Kompromisse zwischen der I d e e der Gerechtigkeit und unseren äußerst beschränkten Möglichkeiten. Wenn die Institutionen durch die Beharrungskräfte, durch das Interesse der herrschenden Klassen, durch die Reaktion, durch die wesenhafte Trägheit des Menschen bestehen bleiben, während die Bedingungen sich verändert haben, dann ist die Zeit reif für eine Revolution. Das trifft für heute zu.» Sie erwähnt dann die Kämpfer, die in Spanien gegen Franco im Einsatz stehen, gesteht aber sogleich ein, daß sie selbst keine Kämpferin sei, und fragt sich, ob sie nicht etwas ganz anderes wolle. «Ob meine rasende Ungeduld, ja zuweilen Intoleranz gegenüber den menschlichen Dingen (nein, gegenüber der ‹Condition humaine›), mein Haß gegen meine eigene Beschränktheit, meine Kritik, meine Empfindlichkeit, der ganze Komplex meiner gegenstandslosen Verzweiflung eben ihren Grund darin hat, daß ich die Condition humaine nicht anerkennen will. Ich wehre mich gegen die ‹vertrauten Tröstungen› (so heißt es im ‹Glücklichen Tal›) – gegen Ablenkung, Zerstreuungen, gegen das Sich-Abfinden, in welchem sich die Menschen warm und mollig fühlen.»[1]

Fremdheit, Ausgesetztsein hieß die Parole, Absage an die Bürgerlichkeit und das geordnete und verplante Le-

---

1   Der Brief befindet sich im Nachlaß Anita Forrer der Schweizerischen Nationabibliothek in Bern.

ben. So, wie der (männliche) Protagonist im «Glücklichen Tal» hohnlachend ausruft: «Denn bei euch, ich weiß, hat sogar der Tod seine Rangunterschiede, Tröstungen und Sakramente. Bis zum letzten Atemzug ist vorgesorgt, daß der Mensch sich nicht preisgegeben fühle. Daß ihm erspart bleibe, seinem Engel zu begegnen. Denn solche Begegnungen vollziehen sich außerhalb aller gewohnten Wege ...»[1]

Die vier Jahre, die Annemarie Schwarzenbach nach diesem für ihre Selbstfindung und für ihr Werk wichtigen Etappenhalt in der Bellevue-Klinik von Yverdon noch blieben, würden dieses Ausgesetztsein, diese Preisgabe, diese existenzielle Unbehaustheit und Verlorenheit in einem Maß mit sich bringen, das auch ihre eigenen Vorstellungen bei weitem überstieg.

Afghanistan 1939 – die Reise mit Ella Maillart

Als «Das glückliche Tal» im September 1939 erschien, war der Zweite Weltkrieg ausgebrochen und befand sich Annemarie Schwarzenbach zusammen mit Ella Maillart sozusagen am Ende der Welt: in Kabul, der Hauptstadt Afghanistans, die sie nach abenteuerlicher dreimonatiger Autofahrt durch Italien, Jugoslawien, Bulgarien, die Türkei und Persien Anfang September erreicht hatten. In ihrem bereits mehrfach zitierten Buch «The Cruel Way» /«Auf abenteuerlicher Fahrt» hat Ella Maillart 1947/48 nicht nur einen ausführlichen Bericht über die gemeinsame Reise, sondern auch eine tiefgründige Seelenanalyse der sie faszinierenden und beunruhigenden Gefährtin vorgelegt. Wie Annemarie Schwarzenbach die Reise erlebte, läßt sich nur noch aus ihren Briefen, aus einigen 1939/40 publizierten Artikeln[2]

1 «Das glückliche Tal», a. a. O., S, 78/79
2 In Annemarie Schwarzenbach: «Alle Wege sind offen. Die Reise nach Afghanistan», Leons-Verlag, Basel 2000, hat Roger Perret eine Reihe dieser damals entstandenen Artikel neu oder erneut veröffentlicht. «Gastfreundliches Afghanistan» («Thurgauer Zeitung», 16. 2. 1940) trägt dabei den Titel «Zwei Frauen allein in Afghanistan».

Mit Ella Maillart beim Kartenstudium vor der Abreise nach Afghanistan

und aus den Erzählungen des Zyklus «Die vierzig Säulen der Erinnerung»[1] erkennen, während das wohl aufschlußreichste Zeugnis, ihr damaliges Reisetagebuch, 1943 von ihrer Mutter vernichtet worden ist.[2]

Annemarie Schwarzenbach hatte die Reise mit der zu jener Zeit um vieles berühmteren welschen Kollegin, sieht man Ella Maillarts Bericht für zuverlässig an, aus folgenden Gründen unternehmen wollen: «Ich bin jetzt dreißig. Es ist die letzte Chance, mich in die Hand zu bekommen. Diese Reise wird keine himmelhochjauchzende Eskapade werden, als wären wir noch zwanzig – das ist unmöglich, da die europäische Krise von Tag zu Tag zunimmt. Diese Reise

---

1 Laut Vertrag vom 26. 5.1939 hatte sie vom Zürcher Morgarten-Verlag Fr. 500.– Vorschuß für ein Reisebuch erhalten, das dann aber, wohl weil die Autorin mit ihren Texten eine ganz andere als die vom Verlag erwartete Richtung eingeschlagen hatte, unveröffentlicht blieb. Sie schickte die endgültige Fassung, an der sie bis im April 1940 gearbeitet hatte, am 5. Juli 1940 von New York aus an den Morgarten-Verlag. Am 5. Juli 1940 bat sie Marie-Louise Bodmer, beim Verlag vorstellig zu werden, weil sich inzwischen zwei große amerikanische Verlagshäuser für das Werk interessierten und sie es unbedingt erst auf deutsch publiziert sehen wolle (Nachlaß M.-L.Bodmer, Privatbesitz, Luzern). In «Alle Wege sind offen» hat Roger Perret im Jahr 2000 zusammen mit den erwähnten Zeitungsartikeln aus dem gleichen Zeitraum eine Auswahl von Texten aus «Die vierzig Säulen der Erinnerung» nach den Vorlagen im Nachlaß publiziert. Das damals dem Morgarten-Verlag eingereichte Typoskript letzter Hand hat Dominique Laure Miermont 2008 im zweiten Teil ihrer französischen Übersetzung «Les Quarante Colonnes du Souvenir» in Belgien ohne Kommentierung und ohne Eliminierung von Mängeln und offensichtlichen Fehlern erstmals publiziert.

2 Das geht klar aus einem Brief hervor, den Renée Schwarzenbach am 28. 9. 1943 Anita Forrer schrieb. – Schon am 25. 9. 1943 hatte Clara Wille, die 92jährige Witwe General Willes, in einem gleichfalls an Anita Forrer gerichteten Schreiben «die volle Verantwortung dafür» übernommen. «Jemand, der so gerne und so viel schrieb wie Annemarie, die überdies des öftern sagte, daß sie nie etwas thun würde, nie etwas gegen ihre Mutter – kann natürlich nicht verantwortlich gemacht werden für solch unüberlegte momentane Ergüsse und überdies Ergüsse, die nur ihr selbst schaden würden! Es sind ja wirklich für jeden Andern sehr unwichtige Dinge, und der einfachste Takt verbietet, sie zu (nicht ganz saubern) Zwecken zu verwenden.» (Beide Briefe liegen im Nachlaß Schwarzenbach, SNB.)

Posieren vor dem Ford Roadster am 6. Juni 1939 in Genf

muß uns endgültig auf die Beine bringen; wir können uns gegenseitig dazu verhelfen, vernünftige, verantwortungsbewußte Menschen zu werden. Mein blindes Herumtappen im Leben ist unerträglich geworden ...»[1]

Wenn Ella Maillart in ihrer allzu zweckoptimistischen Denkweise allerdings meinte, Annemarie Schwarzenbach habe sich seit der im Februar 1939 erfolgten Entlassung in Yverdon – wo sie die Deutschschweizer Kollegin bei einem Besuch erstmals gesehen hatte – ohne Drogen über Wasser gehalten und könne nun auf der Reise mit ihrer Hilfe endgültig davon befreit werden, so irrte sie sich. Eine Woche nach der Abreise, von Sofia aus, deutete Annemarie Schwarzenbach jedenfalls in einem Brief an Erika an, daß sie schon im März 1939 wieder rückfällig geworden war: «Du weißt nicht, wie ich seit März gestrauchelt bin und in welcher Todesangst ich vegetierte ... genug, genug ...» Auch die Gründe für die Reise klangen in diesem Schreiben sehr viel nüchterner: «Ich würde, bliebe ich jetzt im Silser Frieden oder im vertrauten Umkreis, anlehnungsbedürftig bleiben und ein halbes Krisendasein fristen, wie bisher. (...) Deshalb entschloß ich mich, mir eine Chance zu geben, die einer Reifeprüfung gleicht. Die Gelegenheit bot sich, die Reise mit Kini (Ella) zu machen.»[2]

Aber auch dieses Experiment schlug fehl. Schon während den ersten Etappen der Reise, die am 6. Juni 1939 in Genf unter den Kameras der Schweizer Presse ihren Anfang genommen hatte, war Annemarie Schwarzenbach der Versuchung wieder erlegen, und in Kabul verfiel sie wieder restlos ihrer Sucht. Ella Maillart, die sich die «Heilung» der Gefährtin zur Aufgabe gemacht hatte, war bitter enttäuscht, und es kam zu einer Krise zwischen den beiden Frauen, die sich auch weltanschaulich nicht sehr nahestanden. Während Ella Maillart im Sinne einer betont asiatischen

---

1 «Auf abenteuerlicher Fahrt», a. a. O., S. 13
2 am 14. 6. 1939, «Briefe», a. a. O., S. 87

Unterwegs beim Zubereiten der Mahlzeit

Lebenshaltung auf Läuterung und Selbstfindung aus war, ertrug es Annemarie Schwarzenbach nur schwer, angesichts der Nachrichten aus Europa am Ende der Welt zur Untätigkeit gezwungen zu sein. Zur Drogensucht kam eine neue leidenschaftliche Verliebtheit hinzu: zu Ria Hackin, der französischen Ehefrau des englischen Archäologen Joseph Hackin, der als Leiter der «Délégation Archéologique Française en Afghanistan» DAFA in Bagram tätig war. Ella Maillart reiste allein nach Indien weiter, während Annemarie Schwarzenbach sich für drei Wochen als Gehilfin bei Ausgrabungen im Wüstengebiet von Afghanisch Turkestan, im Norden des Landes, anheuern ließ. Im November war sie wieder in Kabul, wo sie noch sechs Wochen blieb und, aufgewühlt und in Euphorie versetzt durch die Liebesbeziehung mit Ria Hackin, am Projekt «Die vierzig Säulen der Erinnerung» arbeitete, aber bald einmal von einer schweren Grippe heimgesucht wurde. «... es handelt sich um Staphylokokken, die gefährlich und also auch hartnäckig sind, ich habe schon das ganze Genick voller Narben», sollte sie auf der Rückfahrt vom Schiff aus Klaus Mann mitteilen, als die «Kabuler Krankheit» sie erneut überfiel.[1] Am Jahresende 1939/40 war sie mit ihrem Ford-Roadster über den Khyber-Paß ganz allein nach Indien gefahren, hatte im zentralindischen Mandu eine letzte Begegnung mit Ella Maillart gehabt und war Anfang Januar 1940 in Bombay samt Auto auf einem Schiff des Lloyd Triestino mit der Destination Genua in See gestochen.

Rückkehr in die Schweiz – der Vertrag mit Marie-Louise Bodmer

Als Annemarie Schwarzenbach am 1. Februar 1940 in Genua eintraf, stand ihr Beschluß fest, sich als Korrespondentin in irgend einer Form in den Dienst des Kampfes gegen

---

1 am 18. 1. 1940, «Briefe», a. a. O., S. 174/5

Annemarie Schwarzenbach mit einem afghanischen Händler

Hitler zu stellen.[1] Weil sie sich von Anfang an innerlich der literarischen deutschen Emigration zugehörig gefühlt hatte und die wichtigsten Exponenten dieser geistigen Anti-Hitler-Koalition, insbesondere natürlich die ihr auch sonst nahestehende Familie Mann, sich in Amerika befanden, war es für sie keine Frage, dass ihr künftiger Arbeitsmittelpunkt die Vereinigten Staaten sein würden. Weil ihre Publikationsmöglichkeiten sich aber nach wie vor auf die Schweiz beschränkten, suchte sie nach einer Lösung, um die Redaktionen von der Schweiz aus mit ihren Texten und Fotos beliefern zu können. Deshalb einigte sie sich mit Marie-Louise «Busy» Bodmer-Preiswerk (1911–1999), einer ehemaligen Mitschülerin ihres Bruders Alfred am Freien Gymnasium Zürich, mit der zusammen sie das Konservatorium besucht hatte und die auch die Leidenschaft für das Reiten mit ihr teilte, auf eine Zusammenarbeit. Laut einem vom 4. Mai 1940 datierten, von der Adressatin nicht gegengezeichneten Vertrag sollte Marie-Louise Bodmer für sie «die Bearbeitung und Versendung von Photomaterial und Artikeln» übernehmen, «mit Ausnahme jenes Materials, das ich in direktem Auftrag an Zeitungen schicke»[2]. Frau Bodmer sollte «von allen verkauften Artikeln und Bildberichten 20 % des Honorars» bekommen, was, überblickt man die Korrespondenz der beiden, allerdings nie wirklich der Fall war. Marie-Louise Bodmer erwies sich über den Tod Annemarie Schwarzenbachs hinaus als ebenso gewissenhafte wie selbstlose Mitarbeiterin, Freundin und Sekretärin. Und sie allein wußte unter all den Freundinnen und Freunden Bescheid über die tatsächlichen finanziellen Verhältnisse einer jungen Frau, die man als Millionärstochter im Besitze

---

1 «Als endlich der Krieg ausbrach, schien es mir wieder selbstverständlich, daß ich, wie alle Menschen, dieses Schicksal auf mich nehmen müsse. Der Gedanke, mich abseits zu stellen, wäre mir nicht gekommen ...» («Beim Verlassen Afrikas», unveröffentlichtes Typoskript von 1942, S. 33)
2 Der Vertrag befindet sich im Nachlaß Marie-Louise Bodmer-Preiswerk, Privatbesitz, Luzern.

Annemarie Schwarzenbach im November 1939 in Kabul mit einem Herrn Keel, einem in der Stadt lebenden Auslandschweizer

unerschöpflicher Mittel wähnte. In Wirklichkeit mußte sie jeden Rappen zusammenkratzen, um nur schon die Miete ihres Hauses in Sils aufbringen zu können, und oftmals kam sie, wie Anfang Juli 1942 in Genf, ohne einen Rappen Bargeld in die Schweiz zurück und mußte ihre treue Zürcher Helferin um Hilfe bitten. «Busy» Bodmer war ihr auch in menschlicher Hinsicht eine uneigennützige Helferin. Hielt sie es in Bocken nicht mehr aus, was in den letzten Jahren häufig der Fall war, so fand sie jederzeit bei Frau Bodmer Zuflucht, und immer, wenn sie ins Ausland fuhr, brachte sie ihren Hund ‹Doktor›, der auf Bocken nicht willkommen war, zu Busy Bodmer, die vor ihrer Heirat Tierärztin hatte studieren wollen.[1]

Damals, 1940, zu Anfang ihrer Zusammenarbeit, hatte Marie-Louise Bodmer den Auftrag, die Texte und Bilder, die Annemarie Schwarzenbach gemeinsam mit Ella Maillart auf ihrer Afghanistan-Reise produziert hatte, an deutsch- und französischschweizerische Zeitungen zu vermitteln, mit denen sie selbst noch nicht in direktem Kontakt gestanden war. Das war allerdings eine schwierige Aufgabe, hatten doch Margret Boveri und Doris Heider, die 1938 im Auftrag von Martin Hürlimanns Zeitschrift «Atlantis» ebenfalls im Auto durch den vorderen Orient gereist waren, das Thema bereits erfolgreich vermarktet.[2] Im Jahr darauf, als Annemarie Schwarzenbach von Afrika aus Artikel lieferte, die durch keine anderen Korrespondenten konkurrenziert waren, besserte sich die Situation allerdings. Dies um so mehr,

---

1   Die Informationen über Marie-Louise Bodmer verdankt der Verfasser einem Gespräch vom 6. April 2008 mit Esther Gambaro-Hürlimann in Luzern.
2   siehe: Margrit Boveri: «Ein Auto, Wüsten, blaue Perlen. Bericht über eine Reise durch Vorderasien», Leipzig 1939. Neu gedruckt als: «Wüsten, Minarette und Moscheen. Im Auto durch den alten Orient». Vorwort von Peter Scholl-Latour, Berlin, wjs-Verlag, 2005. – Neben Doris Heider hatte Margret Boveri bei der Planung ihrer Orientfahrt zunächst auch an Annemarie Schwarzenbach als mögliche Begleiterin gedacht, hatte dann aber vernommen, daß sie sich auf «Entzug» in einer Klinik befand.

Auf der Fahrt von Kabul nach Indien

als Annemarie Schwarzenbach vom Kongo aus kaum noch direkte Kontaktmöglichkeiten mit den Redaktionen hatte und Marie-Louise Bodmer sämtliche Verbindungen übernehmen mußte.

1940: mit Margot von Opel in New York, Lowell und auf Nantucket

Am 3. Mai 1940 reiste Annemarie Schwarzenbach über Genua, wo sie am 4. Mai den Vertrag mit Marie-Louise Bodmer ausformulierte und zur Post gab, nach den USA, wo sie spätestens am 22. Mai eingetroffen sein muß, denn an diesem Tag war sie laut Thomas Manns Tagebuch zusammen mit Klaus und Erika in Princeton zum Lunch mit dabei.[1] Annemarie Schwarzenbach engagierte sich in diesen Wochen gemeinsam mit den Geschwistern Mann aktiv beim Emergency Rescue Committee zur Rettung bedrohter Hitler-Gegner und beteiligte sich auch an den Gründungsvorbereitungen für Klaus Manns Zeitschrift «Decision». Innerlich aber war die Beziehung zu den Geschwistern längst nicht mehr tragfähig genug, als daß sie daran einen Halt gefunden hätte. So hielt sie sich an die langjährige Freundin Margot von Opel, mit der sie zunächst in Lowell, Massachusetts, und dann in einem Sommerhaus auf der New York vorgelagerten Atlantikinsel Nantucket zusammenlebte. Allerdings machte sie sich über die Problematik dieses Verhältnisses keine Illusionen. Am 21. Juni 1940 etwa bekannte sie Klaus Mann, es werde ihr «vor Angst oft schwindlig», wenn sie bedenke, «daß meine ganzen derzeitigen Lebensumstände sich nur und allein auf meiner Beziehung zu Margot aufbauen …»[2] Margot von Opel ihrerseits scheint sich gleichfalls mit letzter Kraft an ihre Schweizer Freundin geklammert zu haben.

---

1   «Tagebücher 1940–1943». Hrsg. v. P. de Mendelssohn, Frankfurt 1982, S. 80
2   «Briefe», a. a. O., S. 177

Margot von Opel bei einem Springturnier 1933 in Berlin

Am 1. September 1940 jedenfalls stellt Annemarie Schwarzenbach – wiederum in einem Brief an Klaus Mann, dem sie in diesen Wochen der Bedrängnis innerlich wieder näherrückte – fest: «... dabei verläßt sie sich so ganz auf mich, daß die geringste Andeutung, wie unhaltbar die Situation für mich erst sei, für sie zu einer wahren Katastrophe würde.»[1]

Ob dem wirklich so gewesen sei, bleibe dahingestellt, denn die Beziehung zu Margot von Opel scheint sich in jenen Monaten deutlich in eine Richtung bewegt haben, die derjenigen mit Erika Mann glich: eine einseitige, vom Gegenüber nur gelegentlich und nicht mit der erwarteten Leidenschaft erwiderte Verliebtheit, von der die ewig unbehauste und nach Geborgenheit suchende Annemarie Schwarzenbach Rettung und Erlösung und Glückseligkeit erwartete. Margot von Opel hat das, wie aus einem Brief vom 21. März 1941 an Marie-Louise Bodmer hervorgeht, im nachhinein ganz klar erkannt, ohne der Freundin helfen zu können – oder zu wollen! –: «Für sie sieht es doch so aus – und wird immer so aussehen –, als ob ich sie im Stich ließ, als sie mich am nötigsten brauchte – und daß ich sie ‹Ärzten, Zwangsjacke und Irrenhaus auslieferte› – wie sie es in ihrem letzten Brief aus Lissabon ausdrückt –, nur weil ich mich geweigert habe, einmal zärtlich zu sein und ihr übers Haar zu streichen – und daß ihre Liebe zu mir, und einzig ihre Liebe zu mir, daran schuld ist, daß sie in das Unglück hineingeraten ist.»[2]

«Die Monate in Nantucket waren dann mehr oder weniger eine einzige Qual», wird sich Margot von Opel später erinnern, und daß damals, bevor sie im Herbst wieder an Benzedrine herankam, der Alkohol ihr großes, kaum mehr zu bewältigendes Problem war, ist nicht nur durch Annema-

---

[1] Die Passage ist nach der Kopie der Originalbriefe in der Schweizerischen Nationalbibliothek zitiert und fehlt in der Druckausgabe.
[2] Der Brief ist im Nachlaß Marie-Louise Bodmer-Preiswerk, Privatbesitz, Luzern.

rie Schwarzenbach selbst[1], sondern auch durch ihre Mitbewohnerin Margot von Opel bezeugt, die sich später daran erinnerte, dass die Freundin «am hellichten Tag – während der Arbeit – Gin – pur!» getrunken habe und dann «völlig besinnungslos»[2] gewesen sei. Jedenfalls ist es nicht verwunderlich, daß Annemarie Schwarzenbach in jenem Sommer 1940 weder journalistisch noch literarisch Bedeutsames zustande brachte.

Ohnehin zweifelte sie angesichts der Kriegssituation – Hitler hatte Frankreich besiegt und Westeuropa sozusagen in den Griff bekommen, England war in die Defensive gedrängt, Amerika verhielt sich noch immer neutral, die Schweiz schien dem deutschen Diktat ausgeliefert – daran, ob ihre Absicht, auf deutsch und für Schweizer Zeitungen zu schreiben, noch sinnvoll sei. «... für den, der in deutscher Sprache schreibt», klagte sie am 21. Juni 1940 Klaus Mann, «bleibt es beinahe hoffnungslos, sich die Zukunft vorzustellen.»[3] Dennoch spielte auch das Heimweh bald wieder eine Rolle. Obwohl sie, wie es im gleichen Brief heißt, «den Instinkt, der mich möglichst rasch in die Schweiz oder nach Frankreich zurücktreiben will», an sich «mit Mißtrauen» beobachtete, kreisen die wenigen, zumeist erst posthum veröffentlichten Artikel, die sie im Juli und August 1940 auf Nantucket schrieb, um das Thema Schweiz. «Die Schweiz, das Land, das nicht zum Schuß kam», heißt das umfangreichste dieser Typoskripte, und es handelt von der Unterwerfung der Schweiz durch Deutschland bzw. einer totalen Hegemonie des Dritten Reiches über alle Länder Europas mit Einschluß der Eidgenossenschaft. Der Text geht von für eine Historikerin unverzeihlichen Vereinfachungen aus

1 «Die Arbeit war durch soviel Alkohol erkauft», schrieb sie Klaus Mann am 21. 6. 1940 («Briefe», a. a. O., S. 177), als sie an einer Serie von Aufsätzen arbeiten wollte, «daß ich es gestern abend aufzugeben beschloß, so geht das nicht. Ich belaste sonst auch meine Umwelt ...»
2 Brief an Marie-Louise Bodmer vom 19. Januar 1941, Nachlaß Marie-Louise Bodmer-Preiswerk, Privatbesitz, Luzern
3 «Briefe», a. a. O., S. 176

und ist von düsterstem Pessimismus geprägt. Quintessenz ist in etwa die folgende Prognose: «In einem von Hitler beherrschten Europa wird die Schweizer Regierung ihre Bürger nicht mehr um ihre Meinung fragen und danach handeln können. Die Schweiz wird den Namen einer echten Demokratie so wenig verdienen wie einer der von Deutschland eroberten Staaten.»[1]

Obwohl sie auch die USA mit sehr kritischen Augen ansah – «Ich traue dem Frieden hier nicht, noch seinem demokratischen Gehalt»[2], schrieb sie im August 1940 Klaus Mann –, kam Annemarie Schwarzenbach je länger, je deutlicher zur Einsicht, daß sie sich wie die Geschwister Mann auch literarisch und beruflich, als Journalistin, in Amerika eine neue Heimat erarbeiten müsse. Als Schriftstellerin wisse sie «heute schon genau», vertraute sie Klaus Mann im eben zitierten Brief vom 1. August 1940 an, «daß ich vermutlich in der Schweiz so wenig wie in Deutschland gedruckt werden kann», aber sie bestand nachdrücklich auf der «einzigen bescheidenen Realisation der letzten Jahre», daß sie sich «in der Schweiz, unter den nahe verwandten Schweizern, einen Boden und ein Publikum geschaffen» habe. Am 1. September 1940 dann prophezeite sie dem Freund, er werde ihr bald «viel raten» müssen, «wenn ich mich jetzt dazu entschließe, statt Feuilletons für Basel, lieber für Amerika zu schreiben»[3]. Was sich darin konkretisierte, daß sie sich ein paar Aufträge von «The Nation» und «The Washington Post» geben ließ. In Tat und Wahrheit aber war sie über die fleißige Vermittlung von Marie-Louise Bodmer weiterhin praktisch ausschließlich für Schweizer Zeitungen und Zeitschriften tätig und schaffte es nach den verlorenen Sommermonaten in Nantucket im Herbst 1940 wider Erwarten auch wieder, als Berichterstatterin einigermaßen Tritt zu fassen.

---

1 «Die Schweiz – das Land, das nicht zum Schuß kam», a. a. O., S. 278
2 am 1.August 1940, «Briefe», a. a. O., S. 182
3 «Briefe», a. a. O., S. 185

«Carson McCullers, eine junge Amerikanerin»

Im Juni 1940 schon hatte sie, angeregt durch Klaus Mann, einen Aufsatz über Carson McCullers' eben erschienenen Roman «The Heart is a Lonely Hunter» geschrieben, in welchem Zusammenhang ihr die Autorin dann, wie sie Klaus Mann verriet, «einen reizenden Brief»[1] hatte zugehen lassen. Der Artikel erschien am Wochenende 6./7. Juli 1940 auf der «Seite der Frau» der Basler «National-Zeitung». Der Text mit dem Titel «Carson McCullers, eine junge Amerikanerin» läßt gleich zu Anfang erkennen, daß Annemarie Schwarzenbach mit der Autorin Kontakt gehabt haben muss, weiß sie doch exakt aufzuzählen, welche Passagen der Verleger hatte streichen wollen und angesichts des Widerstands der Verfasserin dann doch stehen ließ. Annemarie Schwarzenbach erwähnt mehrmals das Alter der Kollegin und zeigt sich erstaunt darüber, daß sie mit 22 Jahren einen renommierten Literaturpreis bekommen hat – während, müßte man ergänzen, sie selbst mit ihren 32 Jahren noch keinerlei Preise gewonnen hat und zu jener Zeit froh sein muß, wenn überhaupt jemand etwas von ihrer literarischen Produktion druckt. Auch bekennt sie, für einen Zeitungsartikel nicht gerade alltäglich, daß sie sich seit ihrer Ankunft in Amerika in einer «langen Umnachtung» befunden und erst durch die Begegnung mit ihrer neuen «blutjungen amerikanischen Freundin» die Kraft gefunden habe, wieder einmal einen Bericht zu verfassen: «In fünf Wochen habe ich hier in Amerika täglich und stündlich und ununterbrochen gehört und gelernt – und wollte mich nie an die Schreibmaschine setzen, um es drüben, zuhause, in der Schweiz, mitzuteilen. Carson McCullers, meine blutjunge amerikanische Freundin, wird sehr erstaunt sein darüber, daß ich über sie, ihretwegen, oder dank meiner Begegnung mit ihr,

---

1   am 21.6.1940, «Briefe», a. a. O., S. 177. «Ihr Buch ist aber doch in Grenzen nur gut zu nennen», heißt es da zu «Das Herz ist ein einsamer Jäger».

einen Artikel schrieb. Aber so ist es. Wir sollen leben und uns in langen Umnachtungen nicht fragen, welches sanfte Sternenlicht uns tröstet und nährt.»[1]

Am 12. Juni 1940 hatte sich Klaus ins Tagebuch notiert: «Seltsame neue Bekanntschaft, diese junge Carson McCullers mit ihrem – gleichsam seltsamen – Mann, frisch aus dem Süden eingetroffen. Sonderbar primitives, naiv morbides Geschöpf. Vielleicht sehr begabt. Schreibt etwas über Emigranten und Neger.»[2] Die Bewunderung für das exzentrische Geschwisterpaar, das ihr mit einer Nonchalance und Coolness entgegentrat, die sich wohltuend von der Anhimmelung abhob, in der sich damals die New Yorker Szene dem jungen Shootingstar gegenüber gefiel, wich schon bald der Bewunderung, ja Begeisterung für die in deren Kreis angetroffene Annemarie Schwarzenbach, die so vieles mit ihr gemeinsam hatte – die Liebe zur Musik, das frühe literarische Debüt, die anstrengende Mutter, die androgyne Veranlagung, das ruhelose Naturell, die lebenslange Suche nach Geborgenheit bei einem anderen Menschen – und die sich ihr gegenüber dennoch zurückhaltend, ja abweisend benahm. «Carson loved Annemarie passionately», schrieb 1975 die Biographin Virginia Spencer Carr, «yet it had been an unfulfilling and destructive liaison, too, for there had

---

1 In «Auf der Schattenseite» (a. a. O., S. 262–267) drucken Regina Dieterle und Roger Perret nicht den Artikel aus der «National-Zeitung», sondern einen Text aus dem Nachlaß ab, wo Annemarie Schwarzenbach den Roman und seine begeisterte Aufnahme viel stärker in die politische Situation der Zeit hineinstellt und die Begegnung mit dem «nachdenklichen, zugleich frühreifen und erfahrenen, aber auch kindlich versponnenen Mädchen» Carson McCullers anschaulich beschreibt und auch den im gedruckten Artikel nur erwähnten Brief ausführlich zitiert. Auch hier wird «Das Herz ist ein einsamer Jäger» als ein Roman, «der von einem jungen Mädchen in einer kleinen Stadt der amerikanischen Südstaaten ... geschrieben wurde», den Werken der deutschen Emigranten gegenübergestellt, die nun, da sie «von den Siegern des Tages» eingestampft wurden, «niemand jemals lesen wird».
2 Klaus Mann, «Tagebücher 1938–1939», München 1990, S. 42

Carson McCullers um 1942, photographiert von Cartier-Bresson

been no real reciprocity.»[1] Mit ebensolcher Leidenschaft, wie Annemarie Schwarzenbach vergeblich um Erika Mann gerungen hatte (und noch immer rang!), versuchte nun Carson McCullers ihrerseits Annemarie Schwarzenbach auf ihre Seite zu ziehen. Immer wieder suchte sie die Schweizerin zu bewegen, mit ihr gemeinsam irgendwo zu wohnen, während die Angebetete selbst weder das drohende Scheitern der Ehe Reeves–McCullers in Kauf nehmen, noch mit Margot von Opel brechen wollte. Carson McCullers, die damals in eine schwere Krise geriet und zu Zeiten sogar ihren Mann, Richard Reeves, beschuldigte, auf der Seite Annemarie Schwarzenbachs gegen sie zu intrigieren, hat die komplexen Erfahrungen aus dieser Zeit zum Teil in ihre Erzählungen «The Ballad of the Sad Café» (1943) und «The Member of the Wedding» (1946) eingearbeitet.

Obwohl sie sich von Begegnungen mit Carson McCullers so gut wie möglich fernhielt[2], war es nicht zu vermeiden, daß auch Annemarie Schwarzenbachs ohnehin prekäres inneres Gleichgewicht angesichts der sich auftürmenden persönlichen und beruflichen Probleme immer stärker in Gefahr geriet. Wie verfahren die Situation zu dieser Zeit schon war, macht die folgende Passage aus ihrem Brief an Klaus Mann vom 23. Juli 1940 klar. «Nein, ich kann mich nicht darauf einlassen», heißt es da im Zusammenhang mit Plänen, zusammen mit Margot nach Alaska zu fahren, «der Sache nach- und auf den Grund zu gehen. Jedenfalls aber ist es doch klar, daß für den Anderen, für Margot, nur übrig bleibt: ich sei zum Zusammenleben und zur Liebe nicht fähig und nicht bereit. Am wenigsten wirst Du verstehen, daß der Anlaß zu einer so intensiven Krise jenes Mädchen

---

1   Virginia Spencer Carr: «The Lonely Hunter. A Biography of Carson McCullers». Doubleday-Verlag, New York 1975, S. 106
2   So nahm sie trotz inständiger Bitten nicht an dem Schriftstellertreffen vom August 1940 in Bread Loaf/Vermont teil, zu dem sie Carsons Verleger Robert Linscott auf deren Ersuchen hin eingeladen hatte.

Im Sommer 1940 auf Nantucket

Carson McCullers war, die schwer krank ist und in einer so merkwürdig abseitigen Vorstellungswelt lebt, daß man ihr mit keiner Realität auch nur beikommen kann. Und während ich glaube, mit aller behandelnden, erwägenden Vorsicht vorgegangen zu sein, erwartet sie, ich würde, da ich doch ihr Schicksal sei, morgen oder eines Tages kommen. Ihr Mann hat sie nun deswegen verlassen. Margot hat natürlich Recht zu sagen, an solchen Dingen s e i man nicht unschuldig.»[1]

Das Maß der Verzweiflung, das Annemarie Schwarzenbach im Gefolge all dieser Affären und Beziehungsnöte wieder erreichen sollte, macht schlagartig das unveröffentlichte, im November 1940 in New York entstandene Prosagedicht «Die zärtlichen Wege, unsere Einsamkeit» deutlich, wo aus finsterstem Pessimismus heraus jegliche menschliche Bindung für unmöglich erklärt wird:

«Und meine Stimme, die ich jetzt plötzlich sehr deutlich vernahm, aber wie ein spätes, aus felsiger Ferne zurückkehrendes Echo – das war ja eine Menschenstimme! Das war ja ein sinnloser Schrei von einem, der sich an die Brust schlägt, der nur noch hadert – mit wem? – und gar keine Antwort erwartet – während er mit Fäusten sich die pochenden Schläfen hämmert und die enge Stirn, und Atem holt, tief wie eine Erstickender, nur um erneut den Schrei auszusenden, der aufgefangen wird, weitergetragen, und untergeht im Wogenmeer eines großartig dahinwallenden Alls.»

New York, Herbst/Winter 1940: der Zusammenbruch

Von der Schweiz aus durfte man Ende 1940 annehmen, Annemarie Schwarzenbach habe es endlich geschafft, sich in Amerika als Berichterstatterin zu installieren, erschienen doch kurz hintereinander Arbeiten von ihr in der Basler «Nationalzeitung» (17. 10. 1940), in der «Weltwoche»

---

[1] «Briefe», a. a. O., S. 178/179

(18. 10. 1940) und in der «NZZ», wo sie am 11. Dezember mit einem großen Artikel über den amerikanischen Wahlkampf sogar auf der Frontseite in Erscheinung trat. In Tat und Wahrheit aber war das Verhängnis längst wieder über sie hereingebrochen.

Im Herbst 1940 hat sich die Krise allmählich verschärft. Erika Mann, der sie noch immer hoffnungslos verfallen ist, hat Amerika am 19. August Richtung Europa verlassen und tritt eine Stelle bei der BBC in London an, Carson McCullers ist ins Haus von George Davis, dem Herausgeber von «Harper's Bazaar», in Brooklyn gezogen, wo sich bald eine ganze Künstlerkolonie zusammenfindet, zu der unter anderem Wystan Hugh Auden, Benjamin Britten, Peter Pears, Salvador Dalí und Janet Flanner gehören und wo auch Annemarie Schwarzenbach immer wieder auftaucht. Sie und Margot von Opel sind aus Nantucket nach New York zurückgekehrt und wohnen nun in getrennten Hotels: Annemarie im «Bedford», Margot im «Pierre». Und aus einer Tagebuchnotiz Klaus Manns vom 19. Oktober 1940 läßt sich erschließen, in welchem seelischen und psychischen Zustand sich Annemarie Schwarzenbach, von Beziehungsproblemen, Drogen- und Alkoholmißbrauch gequält – von den Nachrichten aus Europa nicht zu reden! –, damals befand: «Gestern abend, sehr lang im ‹Pierre›. Erst mit Miro (Annemarie Schwarzenbach) und ihrer ergebenen Erika Andersen; dann im Salon der Margot, mit Gumpert[1] dabei. Miro wieder in höchst beängstigendem Zustand. Ihr schaurig sich verändernder Blick. Die verhängnisvolle Stelle zwischen den Augenbrauen ... Ihre lügenhafte Beredtheit; dann – das plötzliche Zusammenklappen (nach einem Glas Whisky). Kopf sinkt nach vorn. Apathie des erschlaffenden Gesichtes ... Ich fürchte, daß es sehr ernst ist – diesmal. Lange Beratung mit Margot und Gumpert, da sie trotzig-schwankend

---

[1] Der jüdische Arzt und Schriftsteller Martin Gumpert (1897–1955), ein zeitweiliger Geliebter von Erika Mann.

zu Bett geht. Gumpert: ‹Am Rande, wenn nicht schon im Beginn einer Psychose ... › Pauvre enfant.»[1]

Eine ganz ähnliche Situation muß auch am Samstag, dem 23. November 1940 eingetreten sein, nachdem der Zustand Annemarie Schwarzenbachs durch den am 17. November erfolgten Tod ihres Vaters, Alfred Schwarzenbach, eine weitere schwere Belastung erfahren hatte. Unter Alkohol- und wohl auch unter Drogeneinfluß kam es in Margot von Opels Appartement im Hotel Pierre zu einer Auseinandersetzung, bei der Annemarie Schwarzenbach die im Bett liegende Margot von Opel zu erwürgen versuchte. Das Geschrei der beiden Frauen bringt die Nachbarn dazu, die Polizei zu alarmieren. Margot von Opel ruft Martin Gumpert herbei, die Hotelleitung greift ein, Margot von Opel will die aggressive Gespielin los sein, und am Ende findet man den Kompromiß, daß sie unter der Aufsicht des Hotelpersonals noch bis am anderen Morgen dableiben kann, um dann in ihr eigenes Zimmer im Hotel Bedford gebracht zu werden. Als sie dort einen Selbstmordversuch unternimmt, ruft man ihren Bruder Alfred Schwarzenbach, der eine Überweisung ins private New Yorker «Doctor's Hospital» veranlaßt, von wo aus sie nach wenigen Tagen in eine Privatklinik in Greenwich/Connecticut verlegt wird.[2]

---

1   Klaus Mann, «Tagebücher 1938–1939», a. a. O., S. 70
2   Alfred Schwarzenbach hat es damals abgelehnt, die erforderliche Summe von umgerechnet 70 000 Franken für einen zweijährigen Aufenthalt in einem Sanatorium in Kansas aufzubringen. «Das ist mir Annemarie bei weitem nicht wert», schrieb er am 28. November seinem Bruder Hans R. Schwarzenbach, «läßt man sie so, wie sie ist, wird sie halt immer weiter runter kommen. – Also, was soll ich machen??? Ich sag Dir, es kotzt mich an, mich mit Annemarie rumzuschlagen, denn Du siehst sie ja doch nie allein, immer ist irgend ein Weibsbild bei ihr, und was für Weiber, ekelhaft! Die liebt sie alle und sagt mir zur gleichen Zeit, das seien eben die Weiber, die sie verrückt machen. Wer soll da noch drauskommen? Und sie ist eben nicht so verrückt, daß man sie in ein Irrenhaus tun kann, im Gegenteil, die weiß genau, was sie macht, und findet wahrscheinlich, solch ein Benehmen sei notwendig, um ein Genie zu sein. Und daß sie ein Genie ist, von dem ist sie überzeugt.» (Nachlaß Schwarzenbach SNB, Bern)

Was geschah, als Annemarie Schwarzenbach wenige Tage nach ihrer Einlieferung in die psychiatrische Klinik von Greenwich eine Gelegenheit zur Flucht fand, läßt sich nur schwer endgültig festlegen. Laut Virginia Spencer Carr[1] floh sie in Hausschuhen und mit einer dünnen Bluse bekleidet durch den nächtlichen Wald zu einer Autostraße und dort in einem Taxi nach New York zu Freunden von Carson McCullers, die sofort herbeieilte, um sie zu pflegen.[2] Als sie die Freundin einmal allein ließ, tauchten ein Arzt und ein Polizist auf und nahmen sie mit ins staatliche New Yorker Bellevue-Hospital, wo sie mit den Mitteln der Zwangspsychiatrie behandelt wurde. Nach Areti Georgiadou, die für ihre Schwarzenbach-Biographie 1992 noch Gespräche mit Margot von Opel hatte führen können, soll sie sich nicht zu Freunden von Carson McCullers, sondern ins New Yorker Atelier ihres Freundes Freddy Wolkenberg begeben haben.[3] Und die Einweisung ins Bellevue-Hospital soll dann erfolgt sein, weil sie in einem psychotischen Schub

---

1 «The Lonely Hunter», a. a. O., S. 137
2 Dieser Version folgt auch Jacques Tournier in «Retour à Nayack. À la recherche de Carson McCullers», Éditions du Seuil, Paris 1979, S. 108: «Annemarie reparaît alors. Elle était enfermée dans un hôpital psychiatrique de Connecticut. Un soir, elle réussit à s'évader, passe la nuit à rôder dans les bois, arrête un taxi au petit main, obtient du chauffeur qu'il la conduise à New York. Des amis la recueillent. Ce sont aussi des amis de Carson, qui est aussitôt prévenue. (…) Ce n'est pas Annemarie qu'elle retrouve à New York… C'est une femme qui tremble de fièvre. (…) il faut la soigner.»
3 Areti Georgiadou: «Das Leben zerfetzt sich mir in tausend Stükke». Annemarie Schwarzenbach. Eine Biographie. Campus-Verlag, Frankfurt 1995, S. 207 – Das bestätigt im übrigen auch eine Briefstelle von 1941: «… und aus der geschlossenen Abteilung ist sie abends bei Rabenkälte ohne Mantel – wie durch ein Wunder Gottes – ausgerissen und nach New York zurückgelaufen. Ich war gerade auf dem Weg hierher, Weihnachten … Annemarie ist dann in der Atelier-Wohnung von Freddy Wolkenberg geblieben, weigerte sich, einen Arzt zu sehen – geschweige denn in eine Klinik zu gehen. Sie hatte sich darauf versteift, daß ich zurückkommen müsse …» (Margot von Opel an Marie-Louise Bodmer, 19. Januar 1941, Nachlaß Marie-Louise Bodmer-Preiswerk, Privatbesitz, Luzern)

Kunstwerke Wolkenbergs – Gipshände – aus dem Fenster geschmissen haben soll. Laut Annemarie Schwarzenbachs eigener Mitteilung an Ella Maillart aber soll ein weiterer Selbstmordversuch Anfang Januar 1941 in New York der Grund für die Einweisung in die berüchtigte Bellevue-Klinik gewesen sein.[1]

«Je payais un prix sévére pour une catastrophe d'ordre personnel, ‹privé›, dont je ne me suis pas montré maître», wird sie Ella Maillart am 23. März 1941 im Rückblick über die Gründe der katastrophalen Wende verraten. «Some troubles with a German Lady in the Hotel Pierre in New York»[2] gibt die Schwester als den ihr bekannten Internierungsgrund an. In ihrer Beziehung zu Margot habe sich ihr «Liebesverhältnis zur Welt» zugespitzt «bis zum bitteren Ende», erklärt Annemarie Schwarzenbach selbst am 28. Januar 1941 Klaus Mann, und ihm gibt sie auch konkreten Aufschluß über die Behandlung, der die amerikanische Zwangspsychiatrie sie aussetzte. Von der «unvorstellbar grausigen Massenzelle des Bellevue-Gefängnisses» ist da die Rede, von der Zwangsjacke und davon, daß sie tagelang

---

1 Laut ihrem Brief aus White Plains an Ella Maillart von Ende Januar 1941. Original im Nachlaß Schwarzenbach SNB – Mit dieser Darstellung stimmt auch überein, was Margot von Opel Marie-Louise Bodmer am 19. Januar 1941 berichtete. Danach hat Annemarie Schwarzenbach während eines Telefongesprächs mit ihr unvermittelt wieder einmal ihre Selbstmorddrohung wahr gemacht. Im Originalton heißt es in dem Brief: «Als ich ihr wieder sagte, sie müsse in eine Klinik (ich habe mich bereit erklärt, mit ihr gemeinsam in die Klinik zu gehen, damit der Entschluß für sie leichter werde), hat sie das Telefon hingeworfen und sich die Pulsadern aufgeschnitten. Man hat den Bruder angerufen – er ist gekommen und hat sie davor bewahrt, daß man sie an dem Abend in die städtische Nervenklinik durch die Polizei brachte – man hat eine day-and-night-Nurse zu ihr gesetzt –, aber nach 24 Stunden hat sie wieder versucht zu telefonieren – und als sie der Schwester es verweigert, hat sie die Schwester zu erwürgen versucht – und wurde von der Polizei ins Krankenhaus abtransportiert.» (Nachlaß Marie-Louise Bodmer-Preiswerk, Privatbesitz, Luzern)
2 Suzanne Öhman-Schwarzenbach an V. S. Carr, 1. 2. 1972 (Kopie im Nachlaß Schwarzenbach, SNB)

«schlichthin und brutal gepeinigt» worden sei, «9 Stunden im Dunkeln gefesselt, 6 Tage ohne Zigarette oder heißen Thee und plötzlich wußte, daß hier kein menschliches Wort mehr galt, keine Stimme mehr ein Echo fand, jedes Argument und jede Klage nur neue ‹Bestrafungen› zur Folge hatte ».[1]

Im zweiten Teil des nachgelassenen Manuskripts «Das Wunder des Baumes», «Die Entlassung», hat Annemarie Schwarzenbach später ihre NewYorker Irrenhaus-Erfahrungen, verlegt in ein Land Afrikas, literarisch verarbeitet und dabei das Gefängnisleben als ein Paradigma für das menschliche Leben überhaupt darzustellen versucht.

Offenbar dank den Bemühungen von Alfred Schwarzenbach, der laut ihren eigenen Aussagen «das Äußerste tat», um sie herauszuholen[2], wurde Annemarie Schwarzenbach Mitte Januar 1941 schließlich in die weniger gefängnismäßige private Klinik von White Plains überführt. Am 1. Februar 1941 dann wurde sie unter der Bedingung der sofortigen Ausreise aus den USA entlassen und auf ein Schiff mit Bestimmungsort Lissabon gebracht.[3]

In diesen Tagen äußerster Bedrängnis blieben ihr auch die Zweifel an der Freundschaft der Geschwister Mann nicht erspart, um die sie noch immer gerungen hatte. «Ich habe mich manchmal gefragt», schrieb sie am 28. Januar 1941, kurz vor ihrer endgültigen Abreise aus Amerika, an Klaus Mann, «was Du, auch was Erika Euch wohl vorgestellt haben mögt – w e r sich meiner wohl annehme, wer

---

1 «Briefe», a. a. O., S. 186
2 an Klaus Mann, 28. 1. 1941, «Briefe», a. a. O., S. 186: «Mein Bruder hat das Äusserste getan, um mich hier rauszuholen.»
3 «Die Abreise von Annemarie war keineswegs eine ‹Abreise›, sondern eine Deportation, die der Engel Freddy veranlaßt hat, damit er für jetzt und immer die nightmare von Annemaries Aufenthalt in Amerika los ist», schrieb Margot von Opel am 21. März 1941 Marie-Louise Bodmer (Nachlaß Marie-Louise Bodmer-Preiswerk, Privatbesitz, Luzern) und fand es unzumutbar, daß Annemarie Schwarzenbach dieser Vorgänge wegen nie wieder ein Visum für die USA erhalten werde.

mich aus den Händen der Polizei hole –, oder gibt es solche Grenzen der Freundschaft – daß, wenn einer wirklich *in trouble* ist, man ihn in s o l c h e m Elend einfach umkommen läßt. Aber lassen wir es. Ich glaube, es war mein grundsätzlicher, schwerwiegender Irrtum, der Irrtum eines halben Lebens, daß ich immer geworben, gebeten, Hilfe erwartet habe, immer mich beweisen und bewähren, immer eine Antwort wollte.»[1]

Während ihrer Überfahrt nach Europa wurde in New York Carson McCullers' neuestes Buch ausgeliefert. Es hieß «Reflections in a Golden Eye» und war Annemarie Schwarzenbach gewidmet. Sie schickte es der Freundin nach Sils und erhielt von dort einen am 10. April 1941 gestempelten versöhnlichen Brief mit dem Versprechen, daß Annemarie Schwarzenbach das Buch ins Deutsche übersetzen werde, falls sie je wieder nach Amerika zurückkehre. «Carson, remember our moments of understanding», heißt es dann weiter, «and how much I loved you. Don't forget the terrific obligation of work, be never seduced, write, and, darling, take care of yourself, as I will. (I wrote, in Sils. A few pages only, you would like them), and never forget, please, what has touched us deeply. Your Annemarie, with all my loving affection.»[2]

---

1 «Briefe», a. a. O., S. 186 – Klaus Mann notierte sich, als er von Annemarie Schwarzenbachs leidvollen Erfahrungen hörte, Ende 1940 in sein Tagebuch: «Die Zwangsjacke, die geöffneten Pulsadern, das Rettungsautomobil, die geschlossene Anstalt, die Flucht, das Toben, wieder die Zelle: so enden diese zarten Dramen in dieser unbarmherzigen Zeit ... » («Tagebücher 1940 bis 1943», a. a. O., S. 88)

2 «Carson, erinnere Dich an die Momente, da wir uns verstanden, und daran, wie sehr ich Dich geliebt habe. Vergiß nicht die schreckliche Verpflichtung auf die Arbeit, laß Dich nie verführen, schreibe, und, Liebes, paß auf Dich auf, wie ich es tun werde. (Ich schrieb, in Sils. Nur wenige Seiten, es wird Dir gefallen), und bitte, vergiß nie, was uns zutiefst berührte. Deine Annemarie, mit all meiner liebenden Zuneigung.» (Zitiert nach Briefwechsel Schwarzenbach–McCullers, archiviert im Harry Ransom Humanities Research Center der University of Texas in Austin, USA.)

Brazzaville/Léopoldville 1941/42:
Erfahrungen mit Afrika

Bei ihrer Ankunft in Portugal wurde Annemarie Schwarzenbach sofort von Henri Martin, dem Schweizer Botschafter in Lissabon, den sie seinerzeit in Ankara kennengelernt hatte, in Obhut genommen und mit feinem psychologischem Spürsinn zu journalistischer Arbeit angehalten. «Je suis restée a Lisbon trois semaines», berichtet sie Ella Maillart am 23. März 1941 von Sils aus, «comme par un hasard heureux, mon ami fidèle Henri Martin venait d'arriver comme ministre de Suisse, et il me mettait immédiatement au travail: deux articles, l'un sur le ravitaillement de la Suisse par le Portugal, l'autre sur la Croix Rouge au Portugal, ont, comme résultat de ce séjour, paru dans la ‹NZZ›.»

Annemarie Schwarzenbach wußte, daß sie nach dem Vorgefallenen zu Hause kaum mit einem begeisterten Empfang würde rechnen können. Und bestimmt sollten die zwei Artikel in der «NZZ», die man auf Bocken zweifellos abonniert hatte, etwas Terrain wieder gutmachen, und außerdem tat sie damals in Lissabon alles, um sich die Option für eine erneute Ausreise offenzuhalten.

So suchte sie nach Möglichkeiten, von den noch nicht durch das Vichy-Régime kontrollierten afrikanischen Gebieten aus Artikel zu schreiben. Und am 17. Februar 1941 schrieb sie einen Brief an Carl Jacob Burckhardt, in dem sie ihren ehemaligen Professor darum bat, ihr zu einer Stelle als Delegierte des «Internationalen Komitees vom Roten Kreuz» zu verhelfen. «Am liebsten würde ich in irgendeiner Funktion nach Ägypten, Marseille oder in den Nahen Osten gehen.»[1]

---

1 «Briefe an Carl Jacob Burckhardt», a. a. O., S. 263. Sie gab diese Pläne nicht ganz auf und betrieb sie von Afrika aus weiter. – Burckhardt übernahm bald darauf den Vorsitz der im Juli 1941 gegründeten Gemeinsamen Hilfskommission des IKRK und der Liga der Rotkreuz-Gesellschaften. 1944 wurde er zum Präsidenten des IKRK gewählt.

Der Empfang in der Schweiz war dann tatsächlich derart frostig und lieblos – vor allem bei der Mutter, aber auch bei Großmutter Wille stieß sie auf offene Ablehnung und Feindschaft[1] –, daß sie schon vier Wochen später wieder Richtung Lissabon verreiste. In der wunderlichen Mischung von Französisch und Englisch, die sie Ella Maillart gegenüber gerne benützte, berichtete sie am 23. März 1941 über ihren Empfang und die Gründe für die Abreise ins Ungewisse. «Bocken a un peu changé depuis la mort de Papa», heißt es da, «they put me very much under pressure, m'accusant surtout d'une manière cruelle, de prendre et d'avoir pris du dope. Ce n'est pas vrai, vous le savez. Mais le poid de vivre sous une accusation d'ordre grave, maintenant que je m'en suis libérée, c'est assez dur. Ensuite, for the sake of my mother's exhausted nerves, on me demande de ne pas rester en Suisse. Comme il y a des questions d'argent qui se mêlent, je ne vois pas quoi faire, excepté d'exécuter un projet de partir pour l'Afrique, qui s'est formé a Lisbon. Ce n'est pas un mauvais projet, du reste. Si je ne parviens pas à joindre les forces De Gaulle ou d'envoyer des articles (faute de communication), je vais découvrir une nouvelle partie du monde et apprendre a vivre seul.»[2]

Tatsächlich gelang es Annemarie Schwarzenbach, im Frühjahr 1941 über Lissabon in den Belgischen Kongo

---

1 Alexis Schwarzenbach («Die Geborene», a. a. O., S. 361) zitiert einen Brief von Clara Wille an ihre Tochter Isi von Erlach vom 17. Februar 1941, in dem es in Erwartung der baldigen Ankunft Annemaries heißt: «Nun, man wird gleich einen Arzt konsultieren – aber ob der etwas ausrichten kann? (…) Ach! Warum kann Annemarie sich nicht das Leben nehmen – es ist ja doch das einzige – doch geht es ihr dafür noch nicht schlimm genug.»
2 Die Vorhaltungen der Mutter kamen praktisch einer Landesverweisung gleich. – Mit den «questions d'argent» spielte sie auf die prekäre Lage des Familienunternehmens an, das durch den Krieg schwer in Mitleidenschaft gezogen worden war. So konnte Annemarie zwar noch das Geld für eine Reise nach Afrika vorgestreckt werden, die Miete für das Haus in Sils aber wollte Hans R. Schwarzenbach seiner Schwester nicht mehr bezahlen, und sie mußte sie durch Weitervermietung und aus dem Erlös ihrer Artikel zu bestreiten suchen.

1941 im Belgischen Kongo

zu kommen[1], der damals in ähnlicher Weise wie der benachbarte Französische Kongo eine politische Kuriosität darstellte: während die Mutterländer von den Deutschen besetzt oder besiegt waren, standen die Kolonien unter der Herrschaft der jeweiligen, mit den Alliierten verbündeten Exilregierungen. Bis sie am 14. Juni durch Vermittlung des Schweizer Konsuls in Léopoldville, eines Herrn Orlandi, «eine sichere Postgelegenheit» fand, um ihrer «Sekretärin» Marie-Louise Bodmer sowie ihrer Freundin Mabel Zuppinger, die u. a. den Kontakt zur «Weltwoche» aufrechterhielt, Typoskripte zur weiteren Verwertung zusenden zu können, muß sie trotz dem feucht-heißen Klima sehr intensiv gearbeitet haben. So heißt es in dem Brief vom 14. Juni 1941 an Marie-Louise Bodmer: «Im Couvert an Mabel schicke ich mit dieser Sendung (14. Juni) 6 Stücke, nämlich 2 Prosadichtungen – ‹Äquatornähe› und ‹Kongo-Ufer›[2] –, 3 Feuilletons, «San Thomé», ‹Irgendwo in Französisch Westafrika› und ‹Ankunft im Afrika De Gaulles› und das Doppel des hier beiliegenden Artikels für die ‹NZZ›, ‹Der Belgische Kongo und der Krieg›. Dir schicke ich 3 Bildserien über San Thomé, das Eingeborenendorf von Léopoldville und den entgleisten ‹Micheline›-Wagen im Dschungel. Ferner den genannten Kongo-Artikel für ‹NZZ› und das Doppel von ‹San Thomé›. Ich überlasse Dir und Mabel, die Sachen zu plazieren. (…) Bitte schickt mir, sobald es möglich ist, etwa 500 frs.» Daß die Arbeiten unter sehr schwierigen Bedingungen entstanden waren, zeigt eine weitere Passage

---

1   Sie verließ Sils Mitte April und fuhr von Lissabon aus auf dem portugiesischen Dampfer «Colonial» über Madeira und Sao Tomé nach Léopoldville.
2   Zusammen mit «Aus Tetouan» hat Dominique Laure Miermont im Rahmen ihrer unermüdlichen Anstrengungen, Annemarie Schwarzenbach dem französischsprachigen Publikum nahezubringen, auch «Kongo-Ufer» in ihrer französischen Übersetzung und auf deutsch publiziert: Annemarie Schwarzenbach: «Rives du Congo»/«Tétouan» – «Kongo-Ufer»/«Aus Tetouan», Esperluète Editions, Noville-sur-Mehaigne, Belgique, 2005.

Eine der Photographien, die Annemarie Schwarzenbach 1941 aus Afrika in die Schweiz schickte: Azandé-Krieger aus Faradjé.

des gleichen Briefes, nachdem sie ihre Adressatin gebeten hat, ihr zu einer Korrespondentenstelle in Ägypten, Syrien, der Türkei oder im Irak zu verhelfen. «... Ihr ahnt ja nicht, welche Atmosphäre der Verdächtigung, Mißgunst, bürgerlicher Vorurteile etc. etc. hier herrscht. Ich kann mich n u r durch direkte Telegramme meiner Arbeitgeber legitimieren, n u r , verstehst Du? – Meine einzige andere Chance ist, in ca. 3 Wochen schon drüben auf der französischen De Gaulle-Seite, in Brazzaville, am Sender zu arbeiten – worauf ich jetzt die größten Hoffnungen setze. Dort herrscht die Atmosphäre einer Garnison, es wird großartig gearbeitet, und ich würde mich wohl fühlen. Im übrigen geht es mir aber gut, ich arbeite, soviel ich kann, was in diesem Klima nicht ganz leicht ist. Ich laufe den ganzen Tag in Khaki herum, was Léopoldville chockiert.»[1]

Die Mitarbeit bei den deutschsprachigen Sendungen von Radio Brazzaville kam dann aber doch nicht zustande, und wie sie nicht in Briefen (die ja kaum ohne Kenntnisnahme irgendwelcher Zensoren in die Schweiz gelangen konnten), sondern in ihren Manuskripten «Das Wunder des Baumes» und «Beim Verlassen Afrikas» mal offen, mal verschlüsselt darstellt, fühlte sie sich zunehmend durch ein eigentliches Arbeitsverbot behindert oder bedroht und wurde ganz offenbar in beiden Kongo-Kolonien, wo sie sich abwechslungsweise aufhielt – Léopoldville und Brazzaville sind, nur durch den Kongostrom getrennt, praktisch zusammengebaut –, als deutsche Spionin verdächtigt, mehrfach einvernommen und mißtrauisch nach ihrer abenteuerlichen Vergangenheit befragt. «Es steht außer Frage, daß dieser fatale Kreislauf bis zu meiner Internierung hätte führen können», schildert sie die Situation in «Beim Verlassen Afrikas», «ohne daß ein legales, d. h. automatisches Mittel mich hätte schützen können. Ich habe andere, tragische Fälle kennengelernt, die so geendet haben. Die krasse Tatsache, daß ich

---

1 Der Brief befindet sich im Nachlaß Marie-Louise Bodmer-Preiswerk, Privatbesitz, Luzern.

Annemarie Schwarzenbach beim Musikhören 1941 im Kongo

trotz meiner grundlegenden antifaschistischen Überzeugungen als Nazi-Agent verdächtigt wurde, schien mir bald bedeutungslos: denn die Kreise, die über mich urteilten und in deren Hand ich war, gingen von einem rein politischen und ‹weltlich›-praktischen Gesichtspunkt aus, den ich tatsächlich, wie ich jetzt begreifen lernte, niemals teilen konnte.»[1]

Bei diesen «Kreisen» handelte es sich offenbar um die zahlenmäßig nicht sehr große weiße Führungsschicht, die sich aus Offizieren, höheren Kolonialbeamten, Wirtschaftsfunktionären und Diplomaten zusammensetzte und zu deren Lunchs und Partys die Gattin eines französischen Botschafters, die als Gast des Schweizer Geschäftsträgers in Léopoldville logierte, ohne weiteres Zugang hatte. Da kam es denn auch wieder zu gewissen Konfliktsituationen: Eifersucht spielte eine Rolle, Beziehungen zu anderen Frauen, Alkohol, hitzige Diskussionen über politische Fragen – und vielleicht fiel tatsächlich in der Hitze des Gefechtes einmal das böse Wort von der deutschen Spionin. In einer Anklage konkretisiert haben sich jedoch solche Verdächtigungen, wie Annemarie Schwarzenbach selber betont, niemals. Was aber in «Das Wunder des Baumes» und «Beim Verlassen Afrikas» stutzig macht und eine Erklärung für vieles sein könnte, sind die unverkennbaren Anzeichen von Verfolgungswahn, dem sie in dieser Situation ausgesetzt war und welcher der ohnehin von quälender Furcht Geplagten arg zusetzte. Es ist ja wohl kein Zufall, daß sie gerade zu dieser Zeit in «Das Wunder des Baumes» die schweren Erfahrungen ihres amerikanischen Klinik-Aufenthaltes literarisch zu bewältigen suchte. Jene Erlebnisse standen ihr offenbar noch immer so dicht vor Augen, daß sie schon die kleinste Meinungsverschiedenheit als bedrohliche Gefahr ansah. Und im Roman hat sie denn ja auch die Zwangseinlieferung in eine psychiatrische Klinik, wie sie sie in Amerika erlebt

---

1 «Beim Verlassen Afrikas», Typoskript, Nachlaß Schwarzenbach, SNB, S. 29

hatte, als letzte Stufe des gegen ihr Alter ego Marc in einer afrikanischen Kolonie ausgebrochenen Kesseltreibens dargestellt.

Um wieder Ruhe zu finden, benützte sie zu Beginn des Monats Juli 1941 eine sich bietende Gelegenheit und fuhr auf einem Flußdampfer etwa 800 Kilometer weit ins Innere von Belgisch-Kongo bis zur Kolonialstation Lisala, wo sie einige Wochen blieb und an «Das Wunder des Baumes» weiterarbeitete. «Seit Tagen bin ich in Lisala, 1200 km flußaufwärts von Léopoldville, arbeite im Kontor eines kleinen Negerladens, esse und schlafe bei netten Leuten unter den 40 Weißen des Postens.»[1]

Einen Lichtblick bildete in dieser Zeit der Aufenthalt bei der Schweizer Pflanzerfamilie Vivien in Molanda en Mongala, 250 Kilometer nordwestlich von Lisala, wohin sie Anfang August per Lastwagen reiste. Vor allem zu Frau Vivien, Mutter eines Kleinkinds, bahnte sich ein herzliches Verhältnis an.[2] Zusammen mit der resoluten Ami Vivien, die wie sie selbst Hosen trug, unternahm sie im Chrysler der Farmerfamilie eine 2000 Kilometer lange Fahrt durch den Urwald zum Albert-, Edward- und Kivusee und über Stanleyville wieder zurück. Eine Fahrt, die sie vor allem auch

---

1 Brief vom 20. Juli 1941 an Marie-Louise Bodmer. Nachlaß Marie-Louise Bodmer-Preiswerk, Privatbesitz, Luzern

2 «Madame Vivien ist die frohe Tatkraft und Güte selbst – sie erinnert mich bald an Mama, bald an Annigna, und viel an Frau Forrer –, stell Dir eine schlichte und noble Schweizer Bäuerin vor, männlich nur im Auftreten und in der Arbeit, dabei liebevoll – obwohl sie Elefanten tötet und Neger sowohl anschreien wie notfalls verprügeln kann, versteht sie auch, Blumen zu pflegen, und hat jetzt zwei Tage, als der Frosch so krank war, so gut wie eine Mutter für mich gesorgt. Ich bin sehr froh, mit ihr diese Reise zu machen, allein hätte ich vielleicht die Mittel, Wege und Energien nicht recht gefunden. Und nachdem ich fünf Wochen von Leo, Brazza, den Leuten, der Politik und allen Intrigen und kleinen Sorgen und Nöten fort bin, beginne ich die Luft von Afrika zu atmen und durch dieses eindrucksvolle Medium die eigene Seele wiederzufinden.» (An Marie-Louise Bodmer, 5. August 1941. Der Brief befindet sich im Nachlaß Marie-Louise Bodmer-Preiswerk, Privatbesitz, Luzern.)

mit einer Reihe bemerkenswerter Fotografien dokumentiert hat.

«Das Wunder des Baumes»

Wieder zurück in Léopoldville, begann Annemarie Schwarzenbach am 22. Oktober 1941 mit der Niederschrift des Romans «Das Wunder des Baumes». Eng gerafft, läßt sich der Inhalt des 375 Seiten umfassenden Typoskripts wie folgt zusammenfassen: Angesichts eines Baumes in einem nächtlichen Garten ist Marc, ein junger Schweizer, den das Schicksal in die afrikanischen Kolonien verschlagen hat, plötzlich von «Gelassenheit», «Freude» und «wunderbarem Ernst» erfüllt gewesen. Es vollzog sich in ihm ein «wunderbarer Prozeß», der damit begann, «daß er alle Wünsche aufgab und darauf verzichtete, in irgendeinem mit Namen zu bezeichnenden Interesse zu handeln, einem fremden oder seinem eigenen». Marc, der Mühe hat, «seine Verzweiflung einzudämmen», und der von den Gefühlen eines «grausamen Ungenügens» gequält wird, beginnt nach einem Rückblick auf seine Kindheit in der Schweiz einem Freund eine Art Chronik vorzulegen. Darin beschreibt er seine Erlebnisse als Insaße eines Gefängnisspitals, wohin er als Alkoholiker zwangsweise verbracht worden war. Er beschreibt seinen Ausbruchsversuch und die drastischen Maßnahmen, denen er nach seiner erneuten Festnahme ausgesetzt war. Weil «absolut nichts» gegen ihn vorlag, ist er schließlich unvermittelt freigelassen worden. Darauf lernte er Louise, die Frau eines abgestürzten englischen Fliegers, kennen und fand mit ihr zusammen, weil ein jedes seine eigene Verzweiflung mitbrachte, ein kurzes, ekstatisches Glück. Schon bald aber scheiterte die Beziehung. Marc wollte sich zwar an Louise binden, um nicht «so unglücklich» zu sein, Louise aber befand: «Du mußt gehen. Vielleicht wirst du Hungers sterben in deiner Freiheit, Armer, aber ich vermag nichts für dich. Du mußt gehen.» So zieht sich Marc, um Louise zu vergessen, in ein einsames afrikanisches Hochtal zurück, wo seine Ungeduld in einem visionären Naturerlebnis Trost und Beruhigung findet.

Ob damit jenes Baumwunder gemeint ist, von dem der Text ursprünglich ausging, bleibt unklar, wie denn überhaupt das ganze Typoskript deutliche Zeichen von Verwirrung zeigt und neben einzelnen gelungenen Passagen[1] vielerorts Symptome von Ermüdung und Konzentrationsschwäche aufweist. Ganz offenbar hat die Autorin den roten Faden ihrer Erzählung immer wieder aus den Händen verloren. Und was sie ursprünglich gestalten wollte – wohl die Erfahrung, daß sich die verzehrende Ungeduld einzig in der gänzlichen Kapitulation des Willens beruhigen und daß die Liebessehnsucht in der Natur, symbolisiert im Bild des Baumes, eine endgültige Erlösung finden könne[2] –, verflüchtigte sich ihr wieder, als sie sich schon während der Entstehung des Textes mit neuen Liebeswirren konfrontiert sah, auf die sie wie stets schreibend reagierte. Mit einer jungen Engländerin, die sie in Léopoldville kennengelernt hatte und die sie auch in Thysville, wohin sie zum Schreiben des dritten Teils ihres Romans in Klausur gegangen war, immer wieder aufsuchte, erlebte Annemarie Schwarzenbach

1 Am gelungensten ist wohl jene knappe Utopie eines Menschen der Wahrheit, wie sie auf S. 196/7 im Typoskript Marc zugeschrieben ist: «Wenn Menschen jemals bereit sein wollten, die Wahrheit und nichts als die Wahrheit zu lernen, dann müßten sie sich zuerst all ihrer Titel und Ehren entkleiden, ihrer Talare, und sogar ihrer Pflichten. Sie müßten vergessen, warum sie in diesem Augenblick an diese oder jene Stelle berufen, zum Zuhören gezwungen seien. Jeder Absicht müßten sie sich entäußern. Und mit ihrem Namen, den sie ablegen würden wie ein altes Kleid, würden sie ihr Dasein, ihr Alter, ihre Narben, ihre Rache, ihre Hoffnungen vergessen. Für einmal würden sie sich wirklich zum Antlitz des anderen neigen, den sie ihren Bruder nennen. Für einmal würden sie dem Kerker des sogenannten Alltags entfliehen, der siebenfachen Rüstung, die ihren einsamen und armen Körper umschließt ...»
2 Ella Maillart schrieb sie am 21. November 1941: «Aber eines Tages, als ich ruhig einen Baum in der Nacht anschaute – und später in der Stille des Buschs und der makellosen Herrlichkeit der großen Berge in Kivu –, ist das alles von mir abgefallen wie ein altes Kleid.» (Nachlaß Schwarzenbach SNB)

nämlich von der Konstellation her genau jene hoffnungslose, aber leidenschaftliche Liebesgeschichte, wie sie Marc und Louise im Roman zugeschrieben ist.[1] Zum Mangel an logischer Konsequenz kommt die höchst problematische sprachliche und stilistische Qualität des Textes hinzu, die sich mit der gleichfalls nicht restlos unanfechtbaren des «Gücklichen Tals» in keiner Weise mehr vergleichen läßt.

Obwohl sie in sich den Willen spürte, aus ihren vielen bittern Erfahrungen eine allgemeingültige Quintessenz abzuleiten, und obwohl sie beim Schreiben ihres Textes von einem wahren Glücksgefühl getragen war[2], fehlte ihr dennoch die Kraft, ihre Gedanken und Gefühle zu einem überzeugenden, für den Leser nachvollziehbaren Ganzen zu verarbeiten. Hatten die Maßnahmen der amerikanischen Zwangspsychiatrie etwa doch verheerendere Folgen, als sie selbst es noch wahrzunehmen vermochte? War doch etwas zerbrochen in ihr, was mit ihrer unverwechselbaren Identität zusammenhing? Sprach Ella Maillart, die in den letzten beiden Lebensjahren in intensivem schriftlichem Kontakt mit ihr stand, etwa doch die Wahrheit aus, als sie am 14. Februar 1944 Anita Forrer gegenüber bemerkte: «After her last visit to New York I saw that only death could help her.»[3] So, wie sie selbst es «Beim Verlassen Afrikas» beschrieb, hatte jedenfalls im Kongo ihr Verhalten dem Bekannten-

---

1 Das geht aus den Briefen an Ella Maillart vom 1. und 15. 2. 1942 hervor.
2 «Beim Verlassen Afrikas», S. 72 – Die Schreibeuphorie, in die sie sich wie seinerzeit beim «Glücklichen Tal» in Yverdon wieder hineinsteigerte, scheint allerdings dann zum physischen Zusammenbruch geführt zu haben. Am 17. 2. l942 jedenfalls berichtet sie Ella Maillart von einer Übermüdung durch die tägliche schriftstellerische Arbeit und von einem längeren Spitalaufenthalt wegen Malaria.
3 Der Brief befindet sich ebenfalls im Nachlaß Schwarzenbach, SNB. – Ella Maillart fragte sich, wie sie dem Verfasser gegenüber im Sommer 1987 präzisierte, lange, ob Annemarie Schwarzenbach vielleicht an einem Gehirntumor gelitten haben könnte. Sie bedauerte, daß auf Weisung der Mutter nach Annemarie Schwarzenbachs Tod eine Obduktion unterblieb, welche darüber hätte Aufschluß geben können.

1941 in Thysville mit der Frau des Schweizer Konsuls Orlandi, der ihre Artikel in die Schweiz beförderte

kreis und den Behörden gegenüber etwas seltsam Befremdliches angenommen. So verstand sie beispielsweise ihren Roman als Rechtfertigungsschrift gegen die Gerüchte und Verdächtigungen um ihre Person und legte ihn in grotesker Überschätzung seiner Bedeutung in einem anderssprachigen Land aus eigenem Antrieb den belgischen Kolonialbehörden zur Zensurierung vor, um dann vom Kabinetts-Chef den Bescheid zu bekommen, ihre Fragestellung sei «luxuriös, weltfremd und folglich wohl überflüssig»[1], im übrigen aber dürfe sie die Kolonie ohne weiteres samt ihrem Manuskript unbehelligt verlassen.

Portugal, Frühling 1942: wieder zu Hause in Europa

Am 14. März 1942 ging Annemarie Schwarzenbach in Luanda an Bord des portugiesischen Dampfers «Quanza», der nach Lissabon unterwegs war. Sie traf am 30. März 1942 in der portugiesischen Hauptstadt ein und scheint sich, nimmt man den damals entstandenen Artikel «Portugiesischer Spaziergang» als Beleg, in der nachhaltig von der europäischen Geschichte geprägten mediterranen Landschaft Portugals nach den befremdlichen afrikanischen Abenteuern wieder wie zu Hause gefühlt haben. «Mir wurde wärmer ums Herz», lesen wir da, «ringsum herrschte die Fröhlichkeit des Windes, und doch eine fast feierliche Stille. Und während ich ausschritt und Kilometer um Kilometer zurücklegte, dachte ich, hier könnte man sich sättigen an ewigen Bildern unserer Welt, die wir im Alltag und in der Sorgenfülle von heute manchmal vergessen. (…) Ich blieb lange neben der Kirche sitzen und sah dem friedlichen Leben des Dorfes und seiner Bauern zu. Es waren arme Leute, aber sie hatten ein paar Stück Vieh, eine Schafherde, Olivenbäume, eine Gemüsegarten, ein karges Feld. Und sie bewegten sich bedächtig und grüßten mich freundlich, und die Kinder, die vorbeiliefen, sangen und jauchzten und hatten rotbraune Backen und lustig blit-

---

1   «Beim Verlassen Afrikas», a. a. O., S. 72

zende Augen. Als ich weiterging, auf Albarraque zu, fragte ich mich die ganze Zeit: ‹Was brauchen wir zum Leben?› Und ich sang auch.»[1]

Von Lissabon aus trat Annemarie Schwarzenbach wieder in regen Schriftverkehr mit Marie-Louise Bodmer und Mabel Zuppinger, denen sie die restlichen in Afrika entstandenen Artikel und die auf dem Schiff geschriebenen Arbeiten zur Verbreitung zusandte, ließ sich von Henri Martin wiederum mit Diplomaten und Honoratioren in Kontakt bringen[2] und besuchte in Albarraque auch den Schweizer Maler Edmond Bille, den Vater der Schriftstellerin Corinna Bille. Damals machte sie auch die Bekanntschaft der weitgereisten deutschen Journalistin und Schriftstellerin Margret Boveri, die einen kurzen, aber sehr persönlichen Briefwechsel zur Folge hatte, in dem sie Wesentliches zur ihrer damaligen Befindlichkeit und zu ihrer schriftstellerischen Arbeit äußerte. Margret Boveri hatte allerdings ganz allgemein einen zu wenig Optimismus Anlaß gebenden Eindruck von ihrer neuen Freundin. Im Entwurf eines Kondolenzbriefes,

---

1 «Portugiesischer Spaziergang», «National-Zeitung», Basel, 1. 6. 1942. Wieder abgedruckt als «Spaziergang in Portugal» in «Insel Europa», a. a. O., S. 239–243

2 «Ich habe gestern und heute mit fünf Ministern gefrühstückt, dem englischen und dem französischen, dem belgischen und dem holländischen Gesandten gesprochen und mit einem deutschen General zu Nacht gegessen», meldet sie am 23. Mai 1942 Margret Boveri («Briefwechsel zwischen Annemarie Schwarzenbach und Margret Boveri», a. a. O., S. 286). Wie schon bei ihrem ersten Lissabon-Aufenthalt, der betont regimefreundliche Artikel wie z. B. «Offener Himmel über Lissabon» (abgedruckt in «Insel Europa», a. a. O., S. 244–249) zur Folge gehabt hatte, wo sie vom «demokratischen, jedoch autoritären und weisen Regime von Salazar» sprach, «den man keinen ‹Diktator›, sondern eher einen ‹demokratischen Vermeider der Diktatur› nennen» könne, läßt sie sich auch diesmal gefährlich nahe mit Leuten wie dem «hoch angesehenen Direktor der Propaganda Nationale, Herrn Antonio Ferro» ein, welcher Institution sie alle ihre Artikel zusenden läßt und die auch «feine Reisen» mit ihr durchführte. (An Marie-Louise Bodmer, 13. Mai 1942, Nachlaß Marie-Louise Bodmer-Preiswerk, Privatbesitz, Luzern)

den sie am 18. März 1943 an Renée Schwarzenbach richtete, aber nicht abschickte, und den Andreas Tobler in seiner Einleitung zum Briefwechsel Schwarzenbach/Boveri zitiert, heißt es: «Denn das war mir doch als stärkster Eindruck unserer Begegnung geblieben (...): daß hier eine Seele sich zerquälte, die im Grund nicht mehr weiterkonnte; wenigstens nicht auf den Wegen, die allein für Menschen auf dieser Erde zu bestehen scheinen. Die Pole ihrer Möglichkeiten lagen zu weit auseinander, ihr Anspruch war zu groß; und niemand hatte vermocht, ihr zu lehren, daß es nicht nur Kompromisse, sondern auch Maß gibt.»[1]

Tetouan, Juni/Juli 1942:
Ferienidylle mit tragischem Akzent

Am 23. Mai 1942 flog Annemarie Schwarzenbach nach Madrid und von dort aus nach einer Woche Aufenthalt nach Casablanca, wo sie am 1. Juni eintraf. Am Flugplatz holte sie ihr Mann, Claude Clarac, ab, der inzwischen als französischer Geschäftsträger in Tetouan, der Hauptstadt des Protektorats Spanisch-Marokko, residierte. Claude machte mit seiner Frau eine Autofahrt durch Marokko, die sie sehr beeindruckte und ihr die Entdeckung eines neuen Landes ermöglichte. «Tu vois, je suis bien arrivée et déjà de nouveau en route», meldete sie Marie-Louise Bodmer am 3. Juni 1942 von Rabat aus. «Avec Claude cette fois, et je suis contente de faire ce tour à travers le Maroc – pays d'un grand charme – et contente d'être avec lui.»[2] Sie sei hingefahren, «um mit ihm die Scheidung zu besprechen», erinnert sich 1987 ihre Schwester, «sie hatte als Französin Schwierigkeiten, in der Schweiz die Aufenthaltsbewilligung zu bekommen, aber sie

---

1 «Briefwechsel zwischen Annemarie Schwarzenbach und Margret Boveri», a. a. O., S. 285
2 Der Brief befindet sich im Nachlaß Marie-Louise Bodmer-Preiswerk, Privatbesitz, Luzern.

kamen zu dem Schluß, daß sie sich so gut verstünden, daß sie verheiratet bleiben wollten.»[1]

War dem wirklich so? Oder ist dieses Verhalten vielleicht ein Anzeichen von zunehmender Resignation gewesen? Schaut man sich die im Nachlaß archivierten, inzwischen vollständig veröffentlichten Fotos von diesem Aufenthalt an[2], so sieht man sich tatsächlich an ein glückliches Liebespaar in den Flitterwochen erinnert. Annemarie, verträumt in die Landschaft blickend oder mit geschlossenen Augen der Sonne hingegeben, ganz offenbar mit ihrem Apparat von Claude photographiert, Claude mit verträumtem Blick ins Weite schauend, am Strand vergnügt mit Hunden spielend oder mit glücklich-befriedigten, von einem feinen Lächeln umspielten Gesichtszügen im Bett – schön auf der rechten Seite, die linke ist liebevoll für die Fotografin ausgespart – ein Buch lesend. Die Atmosphäre erscheint auch in den Briefen, die Annemarie Schwarzenbach damals schrieb: «Claude und ich machten dann noch eine unvergleichlich schöne Fahrt über Meknes, und ich habe wieder Stoff zum Scheiben: ich bin froh, jetzt im stillen Tetouan einige Wochen genau das Leben zu führen, wie es für mich am richtigsten ist – mit viel Arbeit, langen Spaziergängen, einer Bibliothek und Abenden mit etwas Musik. Claude hat einen Vergrößerungsapparat, so daß wir uns auch mit Photos amüsieren und ich einige schöne Bilder heimbringen kann.»[3]

Nichts scheint die Idylle zu trüben, und doch hat Annemarie Schwarzenbach in jenen Wochen unter dem Titel «Aus Tetouan» einen Gedichtzyklus verfaßt, in dem das sprechende Ich in trostloser Verzweiflung mit dem Entsetzlichen ringt:

«Wie lange noch? Es blüht und dürstet der Mund,
das Auge schmilzt an des Erdenrunds Schwelle,

---

1   an Aimée Alexander, 24. 2. 1971, a. a. O.
2   in «Auf der Schwelle des Fremden», a. a. O., S. 372–377
3   An Marie-Louise Bodmer, 7. Juni 1942. Der Brief befindet sich im Nachlaß Marie-Louise Bodmer-Preiswerk, Privatbesitz, Luzern.

das Herz klagt. Reißt es aus! Stürzt hin! Ruft den Tag! Aber an der letzten Stunde hinabgleitenden Saum, wo die ehernen Hufe wie Schaum zergehen und der Winde Chöre schweigen, dort trägt die Flut euch, Ohnmächtige, wieder empor, denn es war nicht genug, nicht genug!»[1]

Ganz anders wiederum – und eher wieder der Atmosphäre der Fotos entsprechend –, was sich von Claude Claracs Haltung in Erfahrung bringen läßt. Aus den Briefen, die er Annemarie, nachdem er sie Anfang Juli in Ceuta aufs Schiff begleitet hatte, in die Schweiz schrieb, ist eine zärtliche, wenn auch ängstlich-fürsorgliche Zuneigung herauszulesen – und die feste Überzeugung, daß seine Frau, wie abgemacht, im Herbst wieder nach Tetouan zurückkehren werde ... [2]

Tatsächlich beabsichtigte Annemarie Schwarzenbach, die noch in der ersten Juliwoche auf Bocken eintraf und sogleich nach Sils weiterreiste, 1942 keineswegs, sich endgültig in der Schweiz niederzulassen. «Mitte Oktober spätestens» wolle sie «via Frankreich und Spanien» nach Lissabon zurückkehren, heißt es in einem Brief vom 30. August 1942 an «Weltwoche»-Chefredaktor Karl von Schumacher, den sie um einen Korrespondentenposten in der portugiesischen Hauptstadt bat: «Ein oder zwei Aufenthalte, z. B. im Spätherbst und Frühjahr, sollten genügen, damit über die wichtigsten Themen von dort berichtet werden könnte.»[3]

---

1   «Rives du Congo»/«Tétouan», a. a. O., S. 54
2   Die Briefe Claude Claracs befinden sich ebenfalls im Nachlaß Schwarzenbach, SNB.
3   Der Brief befindet sich im Nachlaß Schwarzenbach, SNB. Daß realistische Aussichten auf eine fruchtbare Korrespondententätigkeit bestanden, zeigt die erfolgreiche Arbeit, die Annemarie Schwarzenbach bereits zwischen April und August 1942 leistete. Allein für diesen Zeitraum sind über 20 Artikel in Schweizer Zeitungen nachweisbar. – Wie es aussieht, dachte Annemarie Schwarzenbach wohl daran, hinfort bei ihrem Mann in Tetouan zu wohnen und von dort aus jene zweimaligen Reportagefahrten nach Lissabon zu unternehmen.

Obwohl Mutter Renée und Großmutter Wille nur mit Mühe glauben konnten, daß Annemarie tatsächlich von ihrer Drogensucht geheilt sein sollte, hatte eine Begegnung von Mutter und Tochter im Spital von Horgen, wo Renée Schwarzenbach die Folgen eines Reitunfalls kurieren lassen mußte, zur stillschweigenden Tolerierung eines einigermaßen akzeptablen Modus vivendi geführt. Den August verbrachte Annemarie in ihrem Haus in Sils Baselgia, das sie in jenen Tagen, weil ihr durch den im Februar 1942 erfolgten Tod der Großmutter Schwarzenbach eine ansehnliche Summe zugefallen war, endlich käuflich erwerben wollte.

In jenen Wochen arbeitete sie, nachdem ihre anfängliche Euphorie einer negativen Einschätzung des Romans gewichen war, den ersten Teil von «Das Wunder des Baumes» zum Prosagedicht «Marc» um. Und dieses Typoskript belegt nun mit seiner unstillbaren Traurigkeit nicht anders als die im Juni in Marokko geschriebenen Klagelieder «Aus Tetouan», daß es sich bei der «Normalität», die Annemarie Schwarzenbach auf einmal zu repräsentieren schien, tatsächlich nicht etwa um ein frohes Einwilligen in Gottes Schöpfungsplan, sondern um ein müdes Resignieren vor dem Unabänderlichen handelte. Wie in «Das Wunder des Baumes», hier aber in hymnischem, manchmal auch biblischem, unwillkürlich an Rilke oder George erinnerndem Tonfall, verwirren sich auch in «Marc» immer wieder die Fäden der Logik, führt die Argumentation ins Leere. Was bleibt, ist eine Fülle irrer und manchmal berückender Bilder in zum Teil wohlklingender, aber altertümelnder Sprache, Bilder jedoch, die sozusagen in nichts zerfallen, wenn man sie anrührt. Wie hatte sie doch Margret Boveri kurz zuvor aus Tetouan geschrieben: «Die Formgewinnung der Dichtung ist einmalig und ein Wunder. Aber dieses strenge Gesetz – dessen bin ich sicher – bedeutet eine große Askese, der Verzicht auf manchen Trost – und den Verzicht, um andere zu werben.»[1]

1 Briefwechsel mit Margret Boveri, a. a. O., S. 292

Diese Askese, dieser Verzicht könnten auch ganz konkret gemeint gewesen sein, bat Annemarie Schwarzenbach doch im Sommer 1942 ihre Freundinnen, was für die ansonsten so sehr unter Einsamkeit Leidende nicht einfach gewesen sein dürfte, auf Ferien bei ihr im Jäger-Haus zu verzichten, damit sie sich in Stille und Ruhe dem Projekt «Marc» widmen könne. Anfang Juli kam noch ein neues Problem hinzu: es hatte sich für das Jäger-Haus ein Käufer gemeldet, und sie mußte nun alles tun, um selbst in den Besitz ihres Refugiums gelangen zu können. «Diese neue Sorge ist arg», schrieb sie im Juli 1942 Marie-Louise Bodmer, «besonders, weil ich mich ernstlich sammeln muß, um mein Buch neu zu beginnen. Denn ich las es jetzt ganz und muß zugeben, Mabel hatte recht: der ganze III. Teil ist so schön und so einzig, aber der I. und II. Teil reichen nicht daran hin – Du weißt ja, daß in der Welt für mich nichts so innerst wichtig ist wie diese Arbeit – und gerade dieses Buch – Aber wie beginnen – wie den Mut finden – und vor allem diese absolute innere Sammlung und Stille, ohne die ich kein Wort aufschreiben kann – Es ist qualvoll, und Mabel muß zuschauen, wie ich mich herumquäle – und der Sommer ist kurz und ich kann nicht zur richtigen, ernsten und reinen Arbeit und Besinnung zurück finden, ohne Zeit und Stille. (...) Schau, die schwachen Teile des Buches sind ja eben die in Léopoldville geschriebenen, wo ich es trotz äußeren Störungen erzwingen wollte. Und das ist Schlamperei, das verzeiht mir der liebe Gott nicht – Denn ich muß mein Bestes versuchen und weiß, was dazu not tut: Stille, noch einmal Stille.»[1]

Obwohl ihr selbst ganz offenbar in den letzten Lebensjahren weniger denn je die Mittel zur Verfügung standen, der Intensität ihres Fühlens und Denkens bleibenden künstlerischen Ausdruck zu verleihen, zeitigte ihr letztes Projekt «Das Wunder des Baumes»/«Marc» aber dennoch erstaunliche Wirkungen! Von Afrika aus, während der Planung und

---

[1] Der Brief befindet sich im Nachlaß Marie-Louise Bodmer-Preiswerk, Privatbesitz, Luzern.

Niederschrift des Romans, hatte Annemarie Schwarzenbach nicht nur Ella Maillart – die dadurch maßgeblich in ihrer eigenen, zu indischen Anschauungen neigenden Denkweise beeinflußt wurde –, sondern auch Carson McCullers schriftlich auf dem laufenden gehalten. Und die Botschaft, daß der Mensch durch die Begegnung mit der Natur von seiner verzehrenden Ungeduld und Liebessehnsucht genesen könne, fiel bei der amerikanischen Dichterin, die sich Anfang 1942 eben von einer schweren Krankheit erholte und sich noch immer nicht von Annemarie Schwarzenbach hatte lösen können[1], auf fruchtbaren Boden. Krankte nicht auch sie an diesem Übel, von dem Annemarie, wie sie schrieb, durch den Anblick eines Baumes geheilt worden war? Den letzten Brief der Freundin vor sich auf dem Tisch[2], schrieb Carson McCullers in wenigen Tagen jene Kurzgeschichte, die vie-

---

1 «Each time Carson heard from Annemarie, her psyche thrived.» (Virginia Spencer Carr, «The Lonely Hunter», a. a. O., S. 198)
2 Am 29.Dezember 1941 hatte Annemarie Schwarzenbach ihr aus Thysville geschrieben: «... in sad and lonely hours, I think of how close and with how infinite tenderness you and I would understand each other. You are the only writer who thinks about the hard task and process of our profession in the same way, as if we were brothers, – and we are. (...) I also think that you will be the only one to translate my book which you will like – And I hope to translate yours. Your poem ‹The Twisted Trinity› could be the motto of my book – which starts with a man looking at a tree, trying to find the instant symmetry of the tree, his soul, and God's silence.» («In traurigen, einsamen Stunden stelle ich mir vor, wie nahe, mit welch unendlicher Zärtlichkeit wir einander verstehen würden. Du bist der einzige Schriftsteller, der gleich über die Härte unserer Aufgabe und unserer Arbeit denkt wie ich, als ob wir Brüder wären – und das sind wir (...) Ich glaube auch, daß Du die einzige bist, die mein Buch («Das Wunder des Baumes», d.Vf.) übersetzen kann – es wird Dir gefallen. Und ich hoffe, daß ich Deines übersetzen werde. Dein Gedicht ‹The Twisted Trinity› könnte das Motto meines Buches sein, denn es beginnt mit einem Mann, der einen Baum betrachtet und nach der augenblicklichen Symmetrie zwischen dem Baum, seiner Seele und Gottes Schweigen sucht.» (Zitiert nach Briefwechsel Schwarzenbach–McCullers, archiviert im Harry Ransom Humanities Research Center der University of Texas in Austin, USA.)

le für ihre beste halten: «A Tree. A Rock. A Cloud».[1] Obwohl Annemarie Schwarzenbach es eigentlich gar nicht so gemeint hatte und nicht mehr die Kraft besaß, es zu solcher Klarheit zu verdichten, gelang Carson McCullers, ohne das Manuskript zu kennen, einzig aus innerer Anteilnahme und ähnlicher Veranlagung heraus fühlend, die wohl schönste aller denkbaren Deutungen des Baumwunders. Und wohl auch jenes geheimnisvollen Übels, an dem die ruhelose Carson McCullers ebenso krankte wie die ruhelose Annemarie Schwarzenbach. Die Liebe ist darum so oft zum Scheitern verurteilt, heißt die Quintessenz der Erzählung, weil die Menschen «sie am falschen Ende anfangen». Statt beim Höhepunkt, bei Mann und Frau, sollten sie besser am Anfang beginnen: mit einem Baum, einem Felsen, einer Wolke ...

Von der wunderbaren Metamorphose, die ihre Gedanken schon vor der Übersendung irgendwelcher Manuskripte in Amerika erlebt hatten, erfuhr Annemarie Schwarzenbach selbst bereits nichts mehr. Als «A Tree. A Rock. A Cloud» Anfang November 1942 in «Harper's Bazaar» erschien, war sie bereits tief in geistige Umnachtung versunken und hatte nur noch wenige Tage zu leben.

Sils/Prangins/Sils, Herbst 1942: die endgültige, letzte Einsamkeit

Am 6. September 1942 war Annemarie Schwarzenbach zusammen mit der Glarner Fliegerin Isabelle Trümpy in einer Mietkutsche auf der damals noch ungeteerten Naturstraße unterwegs, die von Sils dem See entlang nach Silvaplana führt, als eine Freundin sie auf dem Fahrrad einholte. Anne-

---

[1] Siehe dazu: Virginia Spencer Carr, «The Lonely Hunter», a. a. O., S. 200–202; Jacques Tournier, «Retour a Nayack. A la recherche de Carson McCullers», Paris 1979, S. 120/21. – «Ein Baum, ein Felsen, eine Wolke» ist in Elisabeth Schnacks deutscher Übersetzung zu finden in: Carson McCullers, «Sämtliche Erzählungen», Diogenes-Verlag, Zürich 1970, in der Taschenbuchausgabe «Gesammelte Erzählungen», Diogenes detebe 23502, S. 66–80.

marie Schwarzenbach überließ ihr den Platz in der Kutsche und bestieg ihrerseits das Fahrrad. Offenbar fuhr sie dann ein Stück weit freihändig, übersah vor einer Brücke eine Unebenheit und stürzte so unglücklich vom Rad, daß sie mit der Schläfe an einen spitzen Stein aufschlug. Sie blutete stark und war bewußtlos. Man brachte sie in ihr Haus zurück, wo der sofort herbeigerufene Arzt die Wunde verband. Als sie nach drei Tagen zwar aus ihrer Ohnmacht erwachte, aber niemanden mehr erkannte, beschlossen der im Auftrag von Renée Schwarzenbach angereiste Hans R. Schwarzenbach und der behandelnde Arzt Hanspeter Heinrich, die Patientin in die von Oscar Forel geführte Privatklinik «Les Rives de Prangins» am Genfersee bringen zu lassen, wo sie bekanntlich bereits 1935 behandelt worden war. Claude Clarac reiste, als er vom Unglück hörte, so schnell er angesichts der damaligen kriegsbedingten Verkehrsmöglichkeiten konnte, über Marseille nach Prangins, wo er Ende September 1942 eintraf. Aber er wurde nicht zu seiner Frau vorgelassen. Sie sei außer Gefahr, erklärte man ihm. Die Heilung werde aber lange Zeit in Anspruch nehmen, und es wäre am besten, wenn er Annemarie gleich nach Tetouan mitnehmen könnte. Laut einem Brief von Ella Maillart von 1944 an ihre Mutter soll Gustava Favez, die wie 1938/39 in Yverdon jetzt auch in Prangins für Annemarie zuständig war, Anita Forrer gegenüber später ausgesagt haben, sie habe Claude Clarac damals bei seinem Besuch «bloß vor dem Schlimmsten bewahren wollen», sei Annemarie doch so krank gewesen, daß sie weder ihn noch ihre Ärztin erkennen konnte. «Sie kroch auf dem Boden herum und reagierte in keiner Weise mehr wie ein menschliches Wesen.»[1] Da scheint aber einiges durchein-

---

1 Der Brief vom 1. 4. 1944. ist im Nachlaß Schwarzenbach, SNB, archiviert. – Alexis Schwarzenbach zitiert in «Auf der Schwelle des Fremden», a. a. O., S. 383 einen Brief Claude Claracs an Renée Schwarzenbach vom 5. Oktober 1942, in dem dieser das Ansinnen, daß seine Frau «sofort und noch nicht geheilt» mit ihm nach Marokko reisen sollte, zurückweist und die Entscheidung über Annemaries Zukunft ihrer Mutter überläßt.

andergeraten zu sein, geht doch aus dem Brief von Gustava Favez an Marie-Louise Bodmer vom 17. Oktober 1942 hervor, daß sie bei Claracs Besuch gar nicht in Prangins war und sie Annemaries Mann bis dahin auch nirgendwo anders kennengelernt hatte: «J'ai malheureusement manqué la visite de M. Clarac à Prangins et je n'ai pas eu l'occasion de le connaître.»[1]

Ist Annemarie Schwarzenbach demnach, wie man bisher angenommen hat, seit ihrem Sturz vom 6. September 1942 nie wieder zu klarem Bewußtsein gekommen? Dem widerspricht ein handgeschriebener Brief, den sie am 15. Oktober 1942, also gut fünf Wochen nach dem Fahrradunfall, von Bocken aus ihrer Freundin Annigna Godly nach Sils schrieb und den Alexis Schwarzenbach in «Auf der Schwelle des Fremden» faksimiliert wiedergibt. Die Schrift macht zwar einen etwas chaotischen, hastig-fahrigen Eindruck, ist aber fehlerfrei und klar leserlich. Aufhorchen läßt jedenfalls nicht die Schrift des Briefes, sondern ein Satz, der sich darin findet und der lautet: «Mama hat mich aus dem höllischen Prangins geholt, wo Frau Dr. Favez sehr nett, alle anderen höllisch waren.»[2]

Das Dokument stammt wie einige weitere sehr erhellende aus dem Nachlaß von Annemarie Schwarzenbachs Schwester Suzanne Öhman, die dem Schreibenden 1987, als Niklaus Meienberg mit seinen unkonventionellen Recherchemethoden viel Unmut erzeugt hatte, als einziges Mitglied der Familie Schwarzenbach für ein Interview zur Verfügung stand, dabei aber, wie sich inzwischen zeigt, vieles verschwiegen hat und vor allem nicht bereit war, Einsicht in irgendwelche Dokumente zu gewähren. Der Nachlaß ihrer Schwester sei in Bern, und was sonst noch da gewesen sei, habe schon ihre Mutter verbrannt, lautete die Auskunft. So

---

1 Der Brief ist im Nachlaß Marie-Louise Bodmer-Preiswerk, Privatbesitz, Luzern.
2 Das Faksimile befindet sich in «Auf der Schwelle des Fremden», a. a. O., S. 383.

daß die Rekonstruktion von Annemarie Schwarzenbachs letzten neun Lebenswochen, wie sie dann im Nachwort zur Neuausgabe von «Das glückliche Tal» erschien und wie sie einer Reihe von späteren Darstellungen offen oder versteckt als Quelle diente, zum Teil sehr mangelhaft war, zum Teil aber auch einer offenbar von Suzanne Öhman und ihrem Bruder gewünschten beschönigenden Tendenz entsprach. Als Familienmitglied hat nun Alexis Schwarzenbach nicht nur Zugang zu sämtlichen in der Familie noch erhaltenen Dokumenten und Briefen erhalten, sondern konnte diese Dokumente auch zum großen Teil behändigen und seinem privaten Archiv einverleiben. Dort befinden sich inzwischen auch sämtliche Fotos von Renée Schwarzenbach, die er seinem privaten Copyright unterstellt hat und wie die Dokumente primär für seine eigenen Schwarzenbach-Publikationen nutzt. Zudem hat er Zugang zu einer Textsorte, die, wie der Schreibende im Fall von Guido Looser erfahren mußte[1], auf Jahrhunderte hinaus (!) einzig Ärzten und Familienmitgliedern zugänglich sind: Krankengeschichten aus Spitälern und psychiatrischen Kliniken. So daß Alexis Schwarzenbach schon in «Die Geborene», vor allem aber in «Auf der Schwelle des Fremden» anhand von solchen Dritten nicht zugänglichen Quellen eine Darstellung von Annemarie Schwarzenbachs letzter Krankheit und Tod publizieren konnte, die dem bisher Angenommenen oder Vermuteten in gewissen, nicht zentralen, aber bemerkenswerten Punkten widerspricht. Die in «Auf der Schwelle des Fremden» gewählte Methode, die Dokumente als Faksimiles wiederzugeben und nur ein paar Zeilen davon in den Kommentar zu übernehmen, wertet das Vorgefundene aber

---

1 Für das biographische Nachwort zu Guido Looser, «Nur niemandem sagen, wohin man reist. Prosa», Reprinted by Huber Nr. 14, Frauenfeld 1998, war z. B. von den Nachkommen Ludwig Binswangers keine Erlaubnis zu bekommen, eine in Kreuzlingen geschriebene ausführliche Selbstbiographie Loosers (1893–1937) in der Universitätsbibliothek Karlsruhe einzusehen.

oftmals nur unbefriedigend aus und läßt Fragen offen, die in einem größeren Zusammenhang noch beantwortet werden müssen.

Aus einem ebenfalls von Suzanne Öhman aufbewahrten Brief von Oscar Forel an Dr. Paul Gut in St. Moritz läßt sich schließen, daß jenes «Höllische», von dem Annemarie am 15. Oktober Annigna Godly schrieb, eine Abfolge von Insulin- und Elektroschocks gewesen sein muß, mit deren Hilfe Forel die Patientin «wenigstens während einiger Stunden am Tag» ruhigstellen wollte, nachdem sie, wie er schrieb, «in vollständiger Rebellion gegen jegliche Einschränkung» «immer aggressiver und erregter» geworden war. Gegenstand der Behandlung waren auch nicht, wie bisher angenommen, die Folgen des Sturzes vom 6. September 1942, sondern eine Form von Schizophrenie, die laut Krankengeschichte bereits 1938 in Kreuzlingen diagnostiziert worden war.[1] Als Marie-Louise Bodmer sich bei Gustava Favez nach Annemaries Befinden erkundigte, schrieb diese ihr am 1. Oktober 1942: «Pour le moment nous luttons avec tous les moyens possibles pour la sortir de son état de confusion. Et sachez, chère Madame, que vous n'avez pas pu choisir un autre milieu si compréhensif à notre malade. Ce n'est pas parce que je travaille chez le Dr. Forel que je vous le dis. Mais j'ai pu apprécier toute la valeur de la clinique.» Gleichzeitig gibt es in dem Brief auch Anzeichen dafür, daß auch Gustava Favez gleich wie Forel der Meinung war, es müsse Annemarie Schwarzenbach von einer schon vor dem Unfall vorhanden gewesenen schweren Schizophrenie geheilt werden. Ein Leiden, das sie selbst auf eine gewisse Überanstrengung während der Arbeit an «Marc» zurückführte. «J'ai eu l'occasion de lire le dernier manuscrit d'Annemarie. C'est une tristesse qui ne laisse pas d'optimisme et elle s'est tellement fatiguée et épuisée à ce travail. La dernière lettre

---

1 Die angeführten Zitate finden sich in «Auf der Schwelle des Fremden», a. a. O., S. 382/3.

de Sils était pleine de ses difficultées et j'avais bien peur qu'elle faisait un effort inhumain.»[1] Vierzehn Tage später, am 15. Oktober 1942, schildert Dr. Favez Marie Louise Bodmer den Zustand der Patientin zum Zeitpunkt, als die Mutter sie nach Bocken zurückholte, zeigt sich optimistisch und kommt nochmals auf die möglichen Krankheitsursachen zu sprechen. «Elle était mieux», heißt es da, «et réalisait parfaitement son retour à Bocken. Depuis nous avons eu des nouvelles assez bonnes. Evidemment qu'il est impossible de prévoir les réactions, mais avec un peu d'optimisme (parce qu'on le désire ainsi), on peut penser à une issue favorable quant à l'état confusionel. Je crois qu'Annemarie s'est beaucoup fatiguée en travaillant à son manuscrit. Cet effort continuel pendant quelques semaines présente un effort énorme et si on y ajoute encore d'autres inquiétitudes. (…) Est-ce-qu'Annemarie pourra se rendre compte un jour de tout l'effort qui était fait pour elle ici!»[2]

Verglichen mit Dr. Favez haben die Angehörigen den Zustand der Patientin, als sie sie Mitte Oktober 1942 nach Bocken zurückbrachten, geradezu niederschmetternd pessimistisch beurteilt. Was der Familienhistoriker Alexis Schwarzenbach mal auf Grund eines wiederum von Suzanne Öhman überlieferten Briefes von Renée Schwarzenbach an Claude Clarac vom 26. Oktober 1942, mal auf Grund des heute ebenfalls in seinem Besitz befindlichen Tagebuchs der Clara Wille-von Bismarck zu dokumentieren vermag. «Ich hatte einen sehr schmerzhaften Schock, als ich Annemarie in Prangins wiedergesehen habe», schrieb Renée an Clarac. «Weder telefonisch, noch schriftlich, noch bei meiner Ankunft hatte man mich auf einen so traurigen und bedauernswerten Zustand vorbereitet. Trotz dieses Eindrucks habe ich mich sofort entschieden, Annemarie provisorisch

---

1 Der Brief ist im Nachlaß Marie-Louise Bodmer-Preiswerk, Privatbesitz, Luzern.
2 Der Brief ist ebenfalls im Nachlaß Marie-Louise Bodmer-Preiswerk, Privatbesitz, Luzern.

mit einer Krankenschwester nach Bocken zu nehmen.» Die Generalswitwe aber notierte sich mehr als nur vielsagend bei Ankunft des Transports auf Bocken: «Eben kommt Renée & Annemarie mit einer Krankenschwester – es hat mich ganz umgeworfen, sie ist ja ganz krank – verblödet, es scheint nichts mit dem Sturz zu thun zu haben! Arme Renée! – Völlig geisteskrank ist Annemarie – es ist furchtbar! Oh Gott!»[1]

Dennoch war Annemarie Schwarzenbach – und das widerspricht allen bisherigen Annahmen, die von einer nie wieder behobenen geistigen Umnachtung im Gefolge des Sturzes vom 6. September ausgingen – nach ihrer Ankunft in Bocken am 15. Oktober noch in der Lage, den erwähnten handschriftlichen Brief an Annigna Godly zu schreiben. Fünf Tage später aber, am 19. Oktober 1942, kurz nachdem sie in Begleitung der Krankenschwester per Bahn in Sils angekommen war, schaffte sie es nicht mehr, der Freundin Mabel Zuppinger Anordnungen für den Verbleib des bei ihr eingestellten Wagens zu erteilen. Der Brief, den Alexis Schwarzenbach gleichfalls als Faksimile zeigt[2], endet nach ein paar schwer leserlichen Wörtern in unverständlichem Gekritzel. «Ich konnte leider eine rapide Verschlechterung ihres geistigen und körperlichen Zustands feststellen», meldete Renée Schwarzenbach am 26. Oktober 1942 Claude Clarac nach Tetouan, nachdem sie die Tochter tags zuvor in Sils besucht hatte. Und es scheint, daß sie Forels These, Annemarie sei schon vor dem Sturz schwer schizophren gewesen, guthieß, obwohl sie die von ihm durchgeführte Behandlung für mißglückt ansah. Der nächste Satz in dem Brief heißt nämlich: «Ich befürchte, daß Dr. Forel zu optimistisch gewesen ist und daß der Eindruck einer Verbesserung von Annemaries Gesundheitszustand vor dem Sturz falsch war.

---

1 «Auf der Schwelle des Fremden», a. a. O., S. 383 und 386
2 a. a. O., S. 384. Auch dieser Brief wurde von Suzanne Öhman aufbewahrt.

Dank der vorzüglichen Pflege können wir es vermeiden, Annemarie in ein Krankenhaus zu tun, und darüber bin ich sehr froh.»[1]

«Das Programm ist also zusammenfassend ‹Euthanasie›» – Wie Annemarie Schwarzenbach einem sanften Tod entgegengeführt wurde

Man hat bisher nur gewußt, daß Annemarie Schwarzenbach ihre letzten zwei Lebenswochen in ihrem Haus in Sils Baselgia unter der Obhut von zwei Krankenschwestern verbracht hat, die von Renée Schwarzenbach die strikte Anweisung hatten, niemanden zur Patientin vorzulassen. Ein erschütterndes Dokument, das Alexis Schwarzenbach – ebenfalls als Faksimile – zugänglich gemacht hat, ein Brief von Dr. med. Paul Gut in St. Moritz an Dr. med. Haemmerli-Schindler in Zürich vom 5. November 1942[2], gibt nun auch Aufschluß darüber, welche Diagnose der medizinischen Betreuung zu Grunde lag und welche Maßnahmen der behandelnde Arzt in Absprache mit Renée Schwarzenbach ergriff oder anordnete.

Paul Gut hat am Vortag, also am 4. November 1940, ein Gespräch mit Renée Schwarzenbach geführt, die ihn über die Vorgeschichte informierte. Es lagen ihm aber auch Berichte des Arztes Dr. Heinrich, der Annemarie Schwarzenbach unmittelbar nach dem Unfall vom 6. September betreut und nach Prangins eingewiesen hatte, und von Oscar Forel vor, lautet die Diagnose doch in dessen Sinn ganz

---

1   Original im Nachlaß Suzanne Öhman bei Alexis Schwarzenbach in Zürich, hier zitiert nach «Auf der Schwelle des Fremden», a. a. O., S. 386 – Da Alexis Schwarzenbach den französisch geschriebenen Brief ins Deutsche übersetzt hat, sind allfällige Nuancen im Original nicht nachprüfbar.
2   «Auf der Schwelle des Fremden», a. a. O., S. 385 – Der Brief ging in Kopie u. a. an Renée Schwarzenbach, von wo aus er in den Nachlaß Suzanne Öhman und somit in den Besitz von Alexis Schwarzenbach gelangte.

klar «Schizophrenie». Den sich rapide verschlechternden Zustand der Patientin beschreibt Gut mit den Worten: «Es geht bei dem schizophrenen Schub wellenförmig, im ganzen eher abwärts. Seit einigen Tagen deutet sich eine Schlucklähmung an, welche die Ernährung erschwert. Vor einer Woche konnte ich mich mit der Patientin noch halbwegs unterhalten, sie gab Antwort und plauderte vergnügt, wenn auch zusammenhanglos, vor sich hin.» Als wolle er die Verantwortung ganz oder zum Teil Renée Schwarzenbach überlassen, heißt es dann, als Gut die beschlossenen Maßnahmen auflistet: «Ich habe gestern mit Frau Oberst Schwarzenbach das Programm so festgelegt: Ausschaltung jedes körperlichen oder seelischen Schmerzes, körperliche Pflege, damit kein Dekubitus und keine anderen Schäden entstehen bei der Urininkontinenz. Abends je eine Ampulle Somnifen, tagsüber Eucodal, 0 bis 3 Ampullen, je nach Bedarf.»

Es sollte die Patientin also nur ruhiggestellt werden, nachts mit einem Schlafmittel, tagsüber mit genau jenem Morphium-Präparat, nach dem sie so lange süchtig gewesen war und von dem sie in den letzten Monaten ganz offenbar weggekommen war. Dazu sollte, da die Patientin offenbar das Wasser nicht mehr zurückhalten konnte, mit pflegerischen Maßnahmen ein Wundliegen, in der Fachsprache Dekubitus, verhindert werden. Hingegen sollte, «um sie nicht unnötig zu quälen», nichts unternommen werden, was auf eine Heilung der erst 34jährigen Patientin bzw. auf eine Verbesserung ihres Zustands hinausgelaufen wäre.[1]

---

1 «Die akademische Frage, in welcher Form der schwere Kopfunfall auslösend und verschlechternd wirkte, ebenso die Frage nach der Mitbeteiligung einer angeblich früher festgestellten nahenden Paralyse werden abseits liegen gelassen, Patientin weder mit großen Untersuchungen, noch mit unnötigen Kuren gequält.» – Der Chirurg Paul Gut, ein Spezialist für Skiunfälle, der im Jahr zuvor seine Praxis in die heute noch bestehende Klinik Gut St. Moritz umgewandelt hatte, tat wohl gut daran, die Befunde von Oscar Forel, einer international anerkannten Kapazität auf dem Gebiet der Psychiatrie, nicht in Frage zu stellen und keine weiteren Abklärungen oder Therapien einzuleiten.

Und als ob es nun noch nötig gewesen wäre, die Quintessenz des Ganzen, den mit der Mutter zusammen gefällten Entscheid, die Patientin sterben zu lassen, explizit offenzulegen, heißt es dann unter Verwendung eines Begriffs, der, bezogen auf das Jahr 1942, unweigerlich eher befremdliche Assoziationen auslösen muß: «Das Programm ist also zusammenfassend ‹Euthanasie›.»

«Gutartig», «liebenswürdig» und «dankbar» sind die Qualifikationen, unter denen die kurz zuvor noch ruhelos von Kontinent zu Kontinent, von Begegnung zu Begegnung und von Leidenschaft zu Leidenschaft getriebene Schriftstellerin ihre letzten Tage zubringen sollte: «Da Patientin immer gutartig und sogar in hellen Momenten liebenswürdig und dankbar ist, niemals schwierig oder gar aggressiv, geht es in Sils recht gut. Ich sehe sie wöchentlich ein bis zweimal, und sobald mich die Schwester avisiert.»

Das Dokument, das in seiner brutalen Nüchternheit in extremem Gegensatz zu den Texten Annemarie Schwarzenbachs steht, in denen sie den Tod euphorisch als Erlösung feierte – «Hundertmal hat meine arme/Seele den Tod geliebt, der ihr versagt ist», heißt es in «Kongo-Ufer»[1] –, ist eine Art Kapitulationsurkunde der ärztlichen Heilkunst vor einem Fall, der nach Maßgabe der damaligen Möglichkeiten und in der entsprechenden lokalen und logistischen Konstellation wohl tatsächlich nicht zum Besseren zu wenden war und den man, ohne die genauen Ursachen und Voraussetzungen abklären zu können oder zu wollen, auf möglichst humane und erträgliche Weise «abzuschließen» suchte. «Passive Euthanasie» wäre vielleicht das richtige Wort, scheute man sich nicht, das Unterlassen von in jedem Fall auch wieder fragwürdigen lebensrettenden oder -verlängernden Maßnahmen doch irgendwie moralisch qualifizieren zu wollen.

Als Annemarie Schwarzenbach am Sonntag, dem 15. November 1942 um 9.45 Uhr, eben riefen die Kirchenglocken

---

[1] «Rives du Congo»/«Tétouan», a. a. O., S. 28

zum Gottesdienst, in ihrem Haus in Sils Baselgia starb, bezeichnet Dr. Gut, der dabei war, im Totenschein die tödliche Krankheit als «Toxische Encephalitis» und die unmittelbare Todesursache als «Stauungspneumonie mit Herzinsuffizienz»[1] – ebenso fachgerechte wie hilflose Umschreibungen für das Ableben einer jungen Frau, die man dem selbstgewählten Sterben mehrfach wieder entrissen und der man nach einem ärztlich kontrollierten allmählichen Dahindämmern nun eine Art Gnadentod gewährt hatte.

Renée Schwarzenbach, die kurze Zeit nach ihrem Tod in Sils Baselgia eintraf, fotografierte die Tochter mit hochgebundenem Kiefer auf dem Totenbett ein letztes Mal, verbarg das Bild dann aber später in ihrem Fotoalbum hinter einer Aufnahme der Kirche von Sils Baselgia – als wolle sie ihre einst so sehr geliebte und inzwischen zum Familienskandal gewordene Tochter damit ebenso zum Verschwinden bringen, wie sie später durch die Vernichtung der Tagebücher und Korrespondenzen ihre Spuren zu tilgen suchte.

Abdankung war am 18. November 1942 im Zürcher Krematorium, die Predigt hielt nicht der ihr freundschaftlich verbundene Ernst Merz und auch nicht Pfarrer Schulthess aus Sils, sondern der von der Familie geschätzte Horgener Pfarrer Gerhard Spinner, der in der für solche Anlässe üblichen beschönigenden Weise davon sprach, daß Annemarie Schwarzenbach, «bevor das Leben für sie kein Leben mehr war», «die Gnade des Sterbenkönnens» widerfahren sei, «umgeben von anhänglicher Liebe einfacher Dorfleute, betreut von verständnisvoller Pflege».[2]

---

1 «Toxische Encephalitis» bedeutet Hirnentzündung durch Vergiftung, «Stauungspneumonie mit Herzinsuffizienz» Herzversagen infolge einer Lungenentzündung. Im Gegensatz zur letzten Diagnose nahm der Arzt nun also erstaunlicherweise doch an, das Gehirn sei durch Drogenmißbrauch oder ähnliches in Mitleidenschaft gezogen worden. Auch die unmittelbare Todesursache steht mit der Diagnose vom 5. November (Schizophrenie) kaum in Beziehung.
2 zitiert nach «Auf der Schwelle des Fremden», a. a. O., S. 387

Marie-Louise Bodmer konnte nicht an der Beerdigung teilnehmen, erhielt aber von ihrer Tante Alice Bodmer einen ausführlichen Bericht, in welchem sehr deutlich von den zwei unterschiedlichen Gruppen die Rede ist, die an der Bestattung teilnahmen: die Familie und – sehr auf Distanz – die Freunde und Freundinnen, die ihre schwierige Stellung der Familie gegenüber kannten und sich ganz offenbar von ihr distanzierten: «Vorne, in der ersten Reihe, die unerbittliche, kalte Mutter, die wohl die größte Schuld an dem schweren Schicksal ihres Kindes trug. Daneben die ganze Trauerfamilie, die sie als verlorenes Schaf schon lange aufgegeben hatte. Und viel weiter hinten die paar Menschen, die ihr wirklich nahegestanden hatten.»[1]

Am andern Tag dann, am 19. November 1942, wurde die Aschenurne im Familiengrab der Schwarzenbachs auf dem Friedhof von Horgen beigesetzt. Da, wo 1940 bereits ihr Vater Alfred Schwarzenbach bestattet worden war, wo 1959 ihre Mutter Renée ihre letzte Ruhe finden sollte und wo inzwischen auch Robert, Alfred, Hans und Suzanne – sie starb als letztes der Geschwister 1999 mit 93 Jahren – begraben liegen.

So hat Annemarie Schwarzenbach, die ein halbes Leben lang mit allen Kräften versucht hat, von ihrer Familie und dem, was sie verkörperte, loszukommen, am Ende doch noch «heimgefunden». Als ein bedauernswerter Fall von allmählich zum Vorschein gekommener geistiger Umnachtung, auf eine merkwürdig offiziöse, gekünstelte, beschönigende, ja verlogene Art und Weise – und wohl auch gegen ihren eigenen Willen. Denn vor jenem fatalen Unfall, der sie am 6. September 1942 unvermittelt wieder der Obhut und Willkür ihrer Mutter ausgeliefert hatte, war sie drauf und dran gewesen, das «Jäger-Haus», in dem sie bisher nur zur Miete war, zu kaufen und sich endgültig im Engadin

---

[1] Der Brief von Alice Bodmer an Marie-Louise Bodmer vom 19. November 1942 befindet sich im Nachlaß Marie-Louise Bodmer-Preiswerk, Privatbesitz, Luzern.

niederzulassen, und nicht ihre Mutter, sondern die Freundin Anita Forrer sollte laut Testament im Falle ihres Todes das Haus «als erste betreten und meine Sachen sichten, insbesondere meine Briefe und Manuskripte».[1] Die Typoskripte, an denen sie in den letzten Wochen noch gearbeitet hatte – die Umarbeitung von «Das Wunder des Baumes» zu «Marc» insbesondere –, deuten in ihrer nur phasenweise geglückten surreal-überschwenglichen Machart aller Melancholie, Trauer und Todesbewußtheit zum Trotz auch keineswegs auf eine Geisteskrankheit hin, wie Dr. Forel sie in Prangins dann behandeln sollte, sondern weit eher auf eine euphorisch-tranceartige, von Tristesse und unbestimmter Sehnsucht beherrschte «musikantische» Schreibstimmung in der Art von derjenigen beim Abfassen des «Glücklichen Tals», vielleicht auch auf ein Nachlassen der gestalterischen Kräfte, wie es auch «Das Wunder des Baumes» kennzeichnet. Und auch die Briefe, die sie zuletzt noch schrieb – von Tetouan, Lissabon und Sils aus unter anderem an Margret Boveri, Carl Jacob Burckhardt, Klaus Mann und, besonders häufig und noch am 5. September, dem Vortag des fatalen Unglücks, an Marie-Louise Bodmer –, sind weder von einer getrübten Wahrnehmung, noch von einer geistigen Verwirrung geprägt, sondern zeugen von einer Frau, die sich auf hintergründig-nachdenkliche, durchaus selbstbewußte[2], aber auch ganz praktisch-professionelle Art Gedanken über

---

1 «Letztwillige Verfügung von Frau Dr. Annemarie Clarac-Schwarzenbach, Sils i/E (Schweiz)». Abgefaßt am 11. Dezember 1938 in Yverdon. Im Nachlaß Schwarzenbach der SNB.
2 Carl Jacob Burckhardt gegenüber führt sie am 16. April 1942 in der Frage der Entscheidung zwischen Brotberuf und Dichterexistenz «den berechtigten Egoismus an seiner eigenen, besten Entwicklung zu arbeiten» ins Feld, «der auch unserer Umgebung, der Welt, in der wir leben, zugute kommt». «Es wäre doch nicht wünschenswert, wenn z. B. Mozart aus ‹Uneigennutz› zur Heilsarmee gegangen wäre, statt in egoistischer Selbstversunkenheit zu komponieren.» («Briefe von Annemarie Schwarzenbach an Carl Jacob Burckhardt», a. a. O., S. 265)

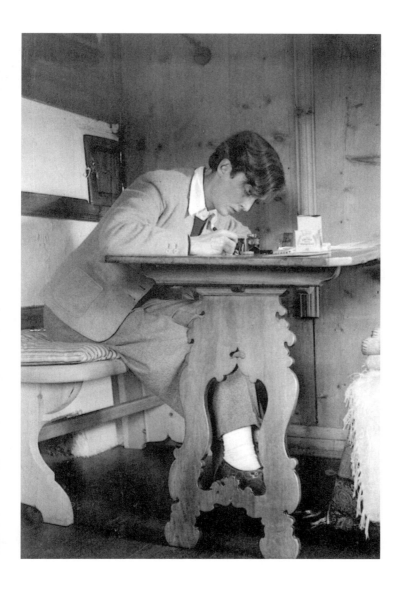

Annemarie Schwarzenbach Anfang September 1942 in ihrem Haus in Sils-Maria bei der Arbeit an ihrem letzten Werk «Marc»

ihre schriftstellerische und journalistische Arbeit macht. Und die in der Stille des Engadins fast fanatisch und unter zunehmendem Zeitdruck, aber auch von Zweifeln und Frustrationen belastet, an ihren literarischen Texten arbeitet, um dann im Spätherbst nach deren Vollendung zu Claude nach Tetouan reisen zu können. «Kommt es mir nur so vor? Oder habe ich lange nichts mehr von mir hören lassen», fragt sie am 25. August 1942 Marie-Louise Bodmer. «Aber glaub mir, ich bin ein armer und sehr geplagter Dichterling – wirklich: keine Ruh bei Tag und Nacht – viel Sorgen – und die Zeit eilt: ‹Bald› muß ich wieder nach Marokko – Wenn es auch noch zwei Monate bis dahin sind, es reicht nicht hin noch her.» Am 31. August 1942 fängt ein Brief an die gleiche Adressatin mit den Zeilen an: «Wenn wir nur nicht beide so gehetzt wären! Ich erfahre, daß ich schon ca. am 15. Oktober in Frankreich sein muß – und sitze und dichte und nichts ist besorgt.» Und am 5. September, 24 Stunden vor dem Unfall, ist sie in ihrem Schreiben an Marie-Louise Bodmer noch voller Sorgen um die Plazierung und die Honorare der Fotografien, deren Vertrieb sie einer Agentur übertragen will. Und entschuldigt sich für ihre mangelnde Aufmerksamkeit der Freundin gegenüber mit der Erklärung: «Weißt Du, vor lauter Manuskript bin ich etwas wie ein Halbblinder – verzeih!»[1]

Annemarie Schwarzenbachs Tod
1942 in der Zürcher Presse

In den Nachrufen, die in der Woche nach ihrem Tod in den Zürcher Zeitungen erschienen, fällt das eine oder andere anerkennende Wort über ihre Arbeiten, steht aber ganz das darin gespiegelte oder sonstwo sichtbar gewordene Wesen und exzentrisch-rebellische Naturell der Verstorbenen im

---

1 Alle Briefstellen laut Nachlaß Marie-Louise Bodmer-Preiswerk, Privatbesitz, Luzern.

Mittelpunkt. «Diese ‹Freunde um Bernhard› (1931) und die ‹Lyrische Novelle› (1933) waren so bestürzend jung und individualistisch, ganz unschweizerisch mondän im Gehabe und kosmopolitisch im Milieu», schreibt Carl Seelig im «Tages-Anzeiger». «Ein ewiger Protest gegen die Bevormundung durch die ältere Generation, ein ständiges Debattieren um Liebe, Freiheit und künstlerische Probleme; Konversation bei Cocktails und Zigaretten; Fahrten im Schlafwagen und eleganten Limousinen: dies alles weniger aus Originalitätssucht als aus der unstillbaren Sehnsucht nach geistigen, optischen, körperlichen und politischen Abenteuern.»[1] Max Rychner erinnert in der «Tat» an die Reiseschriftstellerin und daß da, «stoßweise und heftig», eine Begabung deutlich geworden sei, «die über die bloße Reiseschilderung hinausreichte. Sie erinnerte an Henry de Montherlants Gabe, das Reisen als inneres Gehetztsein zu deuten, als ein Suchen, dem das Finden stets versagt bleiben wird, als eine Verzweiflung, die in den Weiten der Welt immer wieder sich selber begegnet.»[2] Manuel Gasser befaßt sich in der «Weltwoche» noch am ausführlichsten mit dem Werk der Verstorbenen. «Sie hatte zu viele Möglichkeiten», konstatiert er, und nach der Aufzählung ihrer Bücher und Artikel – als einziger erwähnt er auch ihre Fotografien – folgt er den Spuren der Ruhelosen auf einer Weltkarte und kann das Rätsel am Ende doch nicht lösen: «Wenn sich aus diesen vielen schönen Steinen auch mählich ein Ganzes fügt, so fehlt uns doch etwas, scheint uns die Rechnung nicht aufgehen zu wollen, vermissen wir die Schlüsselzahl, die dem Ganzen erst den letzten Sinn und die wahre Bedeutung zu geben vermöchte.» Manuel Gasser findet diese Schlüsselzahl, dieses Eigentliche, Wesentliche an Annemarie Schwarzenbach dann doch, aber nicht in ihrem Werk, sondern in

---

[1] «Annemarie Schwarzenbach †», «Tages-Anzeiger», 18. November 1942
[2] Max Rychner: «Annemarie Clarac-Schwarzenbach †», «Die Tat», 18. November 1942

ihrem Bild, ihrer körperlichen Erscheinung und Ausstrahlung! «Dieses Unbekannte aber ist ihre Persönlichkeit, ist – und hier liegt das Endgültige, nie wieder Gutzumachende unseres Verlusts – der Zauber ihrer Gegenwart. Alles an ihr war außerordentlich, selten und edel. Ein Gegenstand, den sie gebrauchte, ein Kleidungsstück, das sie trug, was immer mit ihr in Berührung kam, erhielt seine Besonderheit, wurde in den Augen des andern sogleich kostbar und begehrenswert. Ihr irgendwo zu begegnen bereitete unbeschreibliches Vergnügen; ein Zusammensein, ein Gespräch mit ihr war jedesmal eine bezaubernde, festliche Angelegenheit. (…) Was gäbe man darum, das Bild dieses im höchsten Sinne liebenswerten Menschen zu bannen! Ach, es wird den meisten immer ungreifbar bleiben und nur in ihren Freunden fortleben als schöner schwanker Schemen; es wird die Verwandlungen und Entstellungen, denen alle Erinnerung unterworfen ist, unmerklich durchlaufen und mit denen, die es treu bewahren, endlich ganz entschwinden.»[1]

Manuel Gasser, obwohl ein hervorragender Kenner der modernen Fotografie, sollte mit seiner pessimistischen Voraussage nicht Recht behalten. Denn zwei Frauen, die ihr wie er selbst mit leidenschaftlicher, durchaus erotisch bestimmter Begeisterung für das darin verkörperte Jünglingshaft-Androgyne gegenübergetreten waren, Marianne Breslauer und, in einer etwas weniger professionellen Weise, Renée Schwarzenbach, hatten dieses Gesicht, diese Gestalt in Bildern festgehalten, die all jene Freunde und Freundinnen, die sie noch gekannt hatten, überleben und die Grundlage dafür liefern sollten, daß Annemarie Schwarzenbach Jahrzehnte nach ihrem Tod zu einer Kultfigur werden konnte, in deren tieftraurigem, nie lächelndem Jungengesicht sich alles zu verkörpern schien, womit sich junge Menschen und vor allem junge intellektuelle Frauen gegen Ende des

---

[1] Manuel Gasser: «Annemarie Clarac-Schwarzenbach», «Die Weltwoche», 20. November 1942

Annemarie Schwarzenbach, porträtiert von Marianne Breslauer

20. und zu Beginn des 21. Jahrhunderts identifizieren konnten: trotzig-abweisende, unnahbar-rebellische Befindlichkeit, kühle, ephebische, allen traditionellen Rollenbildern widersprechende Schönheit, leise Melancholie und dunkle, schwer zu fassende Trauer und Resignation.

Wiederentdeckung nach 45 Jahren

Das Bedürfnis, eine eigenartige vergessene Schriftstellerin der Vergessenheit zu entreissen, und ihre Eignung als Modellfall in einer für die Generation der Achtundsechziger typischen Abrechnung mit der kapitalistisch-reaktionären Vergangenheit brachten Annemarie Schwarzenbach 1987 nach 45 Jahren wieder zum Vorschein. Das letztere bezieht sich auf Niklaus Meienberg und sein zuerst als «Weltwoche»-Serie publiziertes Buch «Die Welt als Wille & Wahn», wo Annemarie Schwarzenbach in Verkennung des ambivalenten Verhältnisses zu ihrer Mutter zum leuchtenden revolutionären Gegenpol des als reaktionär entlarvten Generals Wille und seines Clans stilisiert wird. Das erstere war das Anliegen des Schreibenden, der mit dem Roman «Das glückliche Tal» den ersten Band einer Buchreihe vorlegte, die zusammen mit Beispielen aus den anderen Landessprachen einzelne, für die 1979–1983 entstandene 30bändige Edition «Frühling der Gegenwart» zu diffizile oder zu wenig populäre Romane in besonders sorgfältiger Präsentation und erleuchtet und abgestützt durch eine bebilderte Biographie herausbringen wollte. Bereits 1983 war im Erzählband III von «Frühling der Gegenwart» ein Auszug aus «Winter in Vorderasien» mit einer Kurzbiographie und einer Foto von Annemarie Schwarzenbach erschienen, in der ab 1987 produzierten Edition «Reprinted by Huber» aber waren, dem Prinzip der Reihe entsprechend, keine weiteren Neuausgaben von Werken Annemarie Schwarzenbachs geplant. Das wurde dann ab 1989 zur Domäne von Roger Perret, der bis 2005 acht Bände mit Werken von Annemarie Schwarzenbach neu herausbrachte oder aus dem

3. 10. 88

Cher Monsieur,

Peut-être que l'occasion vous pourriez mentionner dans la presse, que mon livre est enfin ré-édité à Stuttgart?
J'avais prié EF-EF Verlag de vous envoyer "Feuchtige Idylle" (je déteste ce titre!) — Si vous en parlez veuillez bien dire que c'était "Auf #Hinteren dischen Falut", il y a 30 ans!

Je vous envoie mes pensées de sympathie, Ella Maillart

Nachlaß erstmals publizierte, jedoch mit Ausnahme von «Tod in Persien» davon absah, mißglückte, nur biographisch relevante oder nicht fertiggestellte bzw. als Vorstufe für ein anderes zu qualifizierende Werke zu veröffentlichen.

Das Bild wird wichtiger als das Werk: der Schwarzenbach-Kult

Schon Perret hatte aber 1987 mit der Publikation einer Schwarzenbach-Nummer von Walter Kellers Zeitschrift «Der Alltag», für die in Zürich großflächig mit der legendären Breslauer-Foto geworben wurde, das Interesse der Öffentlichkeit für das fotografische Faszinosum Annemarie Schwarzenbach neu geweckt. Und als zwei Jahre später bei Lieu Commun in Paris unter dem Titel «L'Ange inconsolable» die erste monographische Schwarzenbach-Biographie von Nicole Müller und Dominique Grente erschien, begann sie mit einer leidenschaftlichen Liebeserklärung an Annemarie Schwarzenbachs legendäre Fotografie, die in der 1995 nachgereichten deutschen Ausgabe wie folgt lautet: «Am Anfang war *das* Foto. Im Frühjahr 1987 schmückte es die Titelseite der Schweizer Literaturzeitschrift ‹Der Alltag›. Dieses Foto zog einen unwiderstehlich an, verlangte Aufmerksamkeit, weckte Fragen, kurz, von ihm ging eine unglaubliche Faszination aus. Angeblich hat sogar jemand die Schaufensterscheibe einer Buchhandlung eingeschlagen, um sich dieser Fotografie zu bemächtigen. Mag sein. Auf alle Fälle hat sie sich *unserer* bemächtigt. Sehen Sie sich das Foto nur an! Wie könnte man sich der eigenartigen Schönheit dieses feingeschnittenen Gesichtes und der unermeßlichen Trauer, die von diesem Blick ausgeht, entziehen! Die Faszination ist um so größer, als die Person sich nicht auf Anhieb eindeutig einem Geschlecht zuordnen läßt. Eine tiefe Ambivalenz. Bis hin zum Blick, der zwar direkt in die Kamera und zugleich doch nach innen gerichtet ist. Eine weitentfernte, wie hinter einem Schleier verborgene Präsenz, die unnahbar scheint. Eine Trauer, die den sanften Zügen zum Trotz etwas Bedrohliches hat. Die feingeschwungenen Lippen schweigen noch, doch das Foto sagt alles über die Tragik dieser Schönheit.»[1]

Mit dieser Biographie, die erklärtermaßen eine 270seitige Vermarktung des spannenden Lebens einer schönen, durch ihre Fotografie zur Sensation gewordenen Frau war und das literarische Werk bereits in der Vorbemerkung als bedeutungslos abqualifizierte[2], nahm jener Schwarzenbach-Kult seinen Anfang, der immer neue Publikationen und Artikel und Studien und Symposien auf deutsch, französisch und bald auch auf englisch, spanisch und portugiesisch hervorbrachte und der dadurch gekennzeichnet war und ist, daß im Vergleich zu anderen wieder aufgelegten früheren Autorinnen und Autoren das biographische Moment durchwegs eine wichtigere Rolle als das literarische spielt und daß die fotografischen Aufnahmen der Autorin unentwegt mit abgedruckt, mit diskutiert, mit bedacht und mit verherrlicht werden. Im Zeichen der 68er-Bewegung und des Feminismus waren zumindest noch das gesellschaftskritische rebellische Potential und das provokante weibliche Rollenverhalten Ansatzpunkte der Diskussion, während das zunehmende Interesse der akademischen Forschung durchaus auch stil- und textkritische Interpretationen von Annemarie Schwarzenbachs Werken hervorbrachte. Ein wirklich kritischer Ansatz vor allen den (vielfach durch-

---

1 Zitiert nach der deutschen Ausgabe «Der untröstliche Engel. Das ruhelose Leben der Annemarie Schwarzenbach», Knesebeck-Verlag, München, 1995, S. 7
2 «Il est vrai que la plupart des textes purement littéraires ne peuvent prétendre entrer dans le patrimoine mondial des ‹belles-lettres›. Ils témoignent d'un don certain, mais il leur manque cette maîtrise de l'écriture et de la forme qui signe le grand écrivain.» «L'ange inconsolable», Lieu Commun, Paris 1989, S. 11 – Ganz im Gegensatz zu dieser Dichotomie ‹schön, aber literarisch bedeutungslos› hatte Marie-Louise Bodmer-Preiswerk ihrer Freundin am 18. Januar 1942 nach Lisala im Kongo geschrieben: «Lach nicht: Du bist nicht nur schön, Du schreibst auch schön!» (Der Brief befindet sich im Nachlaß Marie-Louise Bodmer-Preiswerk, Privatbesitz, Luzern.)

aus mit Grund!) unveröffentlichten Texten gegenüber wird aber zunichte gemacht durch einen Vorgang, der mit dem Namen Dominique Laure Miermont verbunden ist. War die französische Germanistin unter ihrem ledigen Namen Dominique Grente 1989 als Co-Autorin des Bandes «L'ange inconsolable» noch der Ansicht, der größte Teil von Annemarie Schwarzenbachs «rein literarischen Texten» «dürfte wohl kaum auf ein Plätzchen im Himmel der schöngeistigen Literatur hoffen»[1], so hat sie ihre Meinung inzwischen gründlich revidiert und ist nach der Übersetzung und Publikation von vier Schwarzenbach-Titeln («Jenseits von New York», «Tod in Persien», «Flucht nach oben» und «Alle Wege sind offen») aus dem «Allemand (Suisse)», wie sie es nennt, in einer hochproblematischen Art und Weise dazu übergegangen, unveröffentlichte Texte aus dem Schwarzenbach-Nachlaß ins Französische zu übersetzen und ihrer Übertragung, gleichsam als Appendix, den deutschsprachigen Erstdruck anzuhängen. Bisher ist diese Verfahrensweise, die eng mit dem Bestreben zusammenhängt, Annemarie Schwarzenbach, da sie ja einen französischen Paß besaß, zur genuin französischen Autorin zu stempeln, auf die Prosagedichte «Kongo-Ufer» und «Aus Tetouan», auf «Die vierzig Säulen der Erinnerung» und auf die Briefe an Claude Bourdet angewandt worden, welch letztere im Original ebenfalls deutsch geschrieben und der französischen Übersetzung als Anhang angefügt sind. Abgesehen vom grundsätzlichen Entscheid, ob eine Publikation der Texte überhaupt zu verantworten sei – was für eine Publizistin nichtdeutscher Muttersprache ausgesprochen schwierig zu beurteilen ist –, spricht eine solche Verfahrensweise jeder seriösen wissenschaftlichen Editionsarbeit Hohn und läßt sich einzig mit dem Ansinnen erklären, von einer Autorin, die für viele Verehrerinnen und Verehrer längst Kultstatus erreicht hat, auf Biegen oder Brechen möglichst schnell und

---

1 «Der untröstliche Engel», deutsche Ausgabe, a. a. O., S. 11

in Form von spektakulären Erstausgaben noch bisher Unbekanntes und Neues auf den Markt zu katapultieren.[1]

Um diesen Kultstatus zu zementieren bzw. ad absurdum zu führen aber scheint Annemarie Schwarzenbachs Großneffe Alexis die Bühne betreten zu haben. Vielsagenderweise begann er 2004 seine Publikationen mit einer reich mit Bildern Annemarie Schwarzenbachs ausgestatteten Biographie von deren Mutter Renée Schwarzenbach[2], deren weitgehend privat-geschmäckerisches fotografisches Œuvre er dann mit einem großformatigen Bildband[3] unter die Hinterlassenschaften der großen Fotografen ihrer Epoche einreihte. Im opulenten Prachtband «Auf der Schwelle des Fremden» dann feierte er Annemarie Schwarzenbachs «beinahe überirdische Schönheit»[4] in Hunderten von Aufnahmen in allen möglichen Posen, Stellungen und Situationen im Styling einer Firmen-Jubiläumsschrift voyeuristisch ab, während im Frühling 2008 in der gleichfalls von ihm konzipierten Ausstellung «Eine Frau zu sehen» im Zürcher Literaturmuseum Strauhof eine Art Video-Weihetempel den vorläufigen Höhepunkt des Schwarzenbach-Kults bezeichnete. Daß da der Zuschauer, bevor er von der Flut der überlebensgroßen Schwarzenbach-Fotos verzaubert werden

---

1 Dominique Laure Miermont hat dazu nicht nur eine weitere umfangreiche Schwarzenbach-Biographie geschrieben («Annemarie Schwarzenbach ou le mal de l'Europe», Lausanne 2004, deutsch als «Eine beflügelte Ungeduld», Zürich 2008), sondern für den Sommer 2008 in Lausanne auch eine Ausstellung konzipiert («Annemarie Schwarzenbach. Les Quarante Colonnes du souvenir») und eine ganze Reihe von Schwarzenbach-Veranstaltungen initiiert, darunter eine «weltumspannende Lesung aus Werken Annemarie Schwarzenbachs» am 23. Mai 2008. Seit 2008 ist sie auch Präsidentin des von ihr gegründeten Vereins «Les amis d'Annemarie Schwarzenbach» mit Sitz in Genf, einer Organisation, die den Zweck verfolgt, «das Andenken der Schriftstellerin, Journalistin und Fotografin Annemarie Schwarzenbach zu ehren und zur Verbreitung ihres Werks beizutragen.»
2 «Die Geborene», Zürich 2004
3 Renée Schwarzenbach-Wille, «Bilder mit Legenden», Zürich 2005
4 a. a. O., S. 86

sollte, wie vor eine Reliquie vor das einzige Kleidungsstück, das sich von Annemarie Schwarzenbach erhalten hat, das Rosenkavalier-Kostüm, geführt wurde, ließ den Kult schon fast ins Religiöse kippen.

Hinterfragt man Aktivitäten wie diese auf ihre Relevanz für Annemarie Schwarzenbachs hinterlassenes Werk oder für ihren Stellenwert innerhalb der Literatur ihrer Generation, ja innerhalb der heutigen, zeitgenössischen Literatur, so sind die Resultate äußerst dürftig und wird man den Verdacht nicht los, hier solle eine zutiefst in sich zerrissene, tragisch gescheiterte Autorin und Nonkonformistin auf Grund der von ihr überlieferten Fotos und unter Ausschlachtung ihres traurigen Schicksals aus Ehrgeiz, Fetischismus und Gewinnstreben zum Idol mystifiziert und zum modischen Pin-up-Girl einer auf Sensationen, Klatsch und nostalgische Stories abonnierten Kultur-Schickeria verharmlost werden. Und zum stolz und mit leichtem Schaudern vorgezeigten Aushängeschild ihres Familien-Clans, dem ein geschickt taktierender Heißsporn der dritten nachfolgenden Generation die verlorene Tochter endgültig zurückgebracht hat.

«... in fernen Einsamkeiten»

Etwas vom Schönsten, was nach ihrem Tod über Annemarie Schwarzenbach gesagt wurde, stammt vom Schriftsteller, Zeichner, Kabarettisten und Journalisten Arnold Kübler, der sie schon als Schriftleiter der «Zürcher Illustrierten» beschäftigt hatte und ihr in der März-Nummer 1943 der von ihm gegründeten Kulturzeitschrift «Du» einen Nachruf widmete, der mit folgender, das schwere Leben mit dem schwierigen Werk in Beziehung setzender Passage endet: «Der Unruhe des eigenen Innern entrinnt man nicht, das Selbst kommt mit über Ströme und Gebirge; in fernen Einsamkeiten hat Annemarie Clarac ihre tiefen Schmerzen laut werden lassen, hat in Gesängen und Liedern dunkel geklagt, hat die Sprache nicht mehr für kluge Aufzeichnungen gebraucht, sondern hat zu ihren Bildern und ihrer Musik Zuflucht genommen, um das schwere Herz zu erleichtern und das Schönste auszusagen, was sie empfand.» Als Beispiel für dieses «Schönste» hat Kübler dann einen Ausschnitt aus dem zuletzt entstandenen unvollendeten Werk von Annemarie Schwarzenbach, der den Titel «Marc» tragenden Neufassung von «Das Wunder des Baumes», gewählt und mit dem Titel «In Sils» versehen. Ein Prosagedicht, das tatsächlich noch einmal die ganze künstlerische Größe der tragisch am Leben gescheiterten Schriftstellerin faßbar macht: das Rhapsodisch-Musikalische ihrer Sprache, die Exotik ihrer Bilder, den Kontrast zwischen Kindheit und Heimsuchung – und das Ruhelos-Suchende, Verzweifelt-Getriebene, Unerlöste, das erst im Tod Beruhigung fand.

In Sils

Manchmal möchte ich mit der Hand nach meinem Herzen
>greifen,
>Ob es noch schlägt und das gleiche ist.

Es schlägt langsam wie im Traum.
Die Schläfen beben, der Atem müht sich
>Und die Brust ist so klein geworden, so schmächtig,
>Damit ihre Enge dies bißchen Leben und Bewegung
>>nicht störe,
>Um das wir kämpfen müssen.

Die Bilder sagen, es sei wie das zu schwache Licht einer
>Kerze.

Aber plötzlich spüre ich dann, wie es emporschlagen
>Und übermächtig werden könnte,
>Und eine Geisterhelle verbreiten, die still und
>>fürchterlich ist.

Ich denke an das gesprengte Rund der Bergspitzen,
>Die uns mit ihrem Leuchten und ihrer Bläue gnädig
>>waren,
>Und ich denke an die Lieblichkeit des Baches,
>Der in der Mittagshitze, zur Erntezeit,

So viel über silberne Steine rieselnde Kühlung
                        verbreitete,
Und an die Schwemme,
Wo abends die goldenen Pferde standen und ihre
                        Mähnen schüttelten.
Und an die Wüste.
Aber wenn ich in der Nacht wach werde und mein Blick,
                        aus dem Dunkel,
In der bleischweren Luft schwebend, blind und wie
                        vernichtet ist,
Und wenn dann dieses Weben ringsum beginnt,
Wenn meine Hände schlaff und meine Füße weit sind
Und ich mir nicht mehr gehöre
Und allein das einsam schlagende Herz
Wie der Kindheit Brunnen rauscht
Und ich immer noch in solcher Heimsuchung
                        lauschen muß,
Dann erhebt sich das Sterben über den Zauberrand
Der jetzt in tiefem Schlaf liegenden Welt,
Und ich bin nicht mehr.

Zu den Illustrationen
Die Photographien auf den Seiten 17, 37, 47 unten, 55, 109, 111, 125, 127, 129, 133, 135, 141, 149 und 191 stammen aus dem Nachlass Marie-Louise Bodmer und wurden für dieses Buch von der Rechtsinhaberin, Frau Esther Gambaro, Luzern, zur Verfügung gestellt. Die Abbildungen auf den Seiten 11, 53, 59, 69, 71, 73, 75, 87, 93, 95, 97, 99, 101, 103, 105 oben und unten, 107, 117, 137, 139, 159, 161, 163, 169 und 195 stammen aus dem Nachlass Schwarzenbach der Schweizerischen Nationalbibliothek, Bern, und wurden uns zum Teil schon 1987 und jetzt wieder in nochmals vermehrter Anzahl zur Verfügung gestellt. Die Bilder auf den Seiten 23, 25, 29, 31, 33, 35, 39, 41, 51, 63, 77, 85, 91 und 115 stammen aus dem Nachlass Renée Schwarzenbach, waren schon in der ersten Fassung dieser Biographie enthalten und wurden uns 1987 von Dr. Hans R. Schwarzenbach und Frau Dr. Suzanne Öhman-Schwarzenbach zur Verfügung gestellt. Die Illustrationen Seite 27 stammen aus dem Photoalbum von Norina Häberli-Mascioni und wurden uns von Urs Widmer, Zürich, zur Verfügung gestellt. Die Bilder Seite 43, 45 und Seite 47 oben stammen wie das für den Titel des Buches verwendete aus dem Fotoalbum von Jenny Hodgskin-Wegmann und wurden uns von der Zentralbibliothek Zürich zur Verfügung gestellt. Das Bild Seite 81 stellte das Klaus-Mann-Archiv der Städtischen Bibliotheken München zur Verfügung, dasjenige Seite 147 der Diogenes-Verlag, Zürich. Die Rechte an dem Bild S.67 lagen 1933 beim Kurt Wolff-Verlag, Berlin. Das Dokument Seite 83 befindet sich im Original im Nachlass Ernst Zahn der Zentral- und Hochschulbibliothek Luzern, das Dokument S. 197 ist sich im Besitz von Charles Linsmayer.

Dank
Der Autor ist folgenden Persönlichkeiten, die ihm 1987 bei der ersten bzw. 2008 bei der zweiten, erweiterten und aktualisierten Fassung dieser biographischen Annäherung an Annemarie Schwarzenbach mit Auskünften, Dokumenten und sonstigen Leistungen geholfen haben, zu Dank verpflichtet: Ella Maillart †, Chandolin, Suzanne Öhman-Schwarzenbach †, Meilen, Esther Gambaro-Hürlimann, Luzern, Hans R. Schwarzenbach †, Meilen, Huldrych Gastpar, Bern, Gabriela Rauch, Bern, Peter Eichhorn, Schwyz, Elizabeth L. Garver, Austin/Texas, Ruth Geiger, Zürich, Stefan Hausherr, Zürich.

Die Edition
«Reprinted by Huber»
im Urteil der Presse

Reprinted by Huber Nr. 1
Annemarie Schwarzenbach: «Das glückliche Tal»

«Gleichzeitig ist jetzt das zweifellos bedeutendste Werk der Schriftstellerin, ‹Das glückliche Tal›, in einer von Charles Linsmayer revidierten Ausgabe wieder erhältlich. Ergänzt mit einer ausführlichen, auf die Besonderheiten dieses Romans ausgerichteten Biographie und einer Auswahl von Fotografien... Charles Linsmayer zeichnet diese explosive Konstellation mit Distanz und anhand von sorgfältig recherchiertem Material auf ...»
Angela Schader, NZZ, 18. 12. 1987

«Das letzte und in literarischer Hinsicht ‹vollendete› Werk einer unglücklichen, rastlosen und früh verstorbenen Autorin, die den späteren Existentialismus und sein Lebensgefühl in ihrer schmerzlich-schönen Prosa vorweggenommen hat.»
Gerd-Klaus Kaltenbrunner, «Die Presse», Wien, 7. /8. 10. 1987

«Um ihr Werk zu verstehen, bedarf es der biographischen Kenntnis, und daher stattet Charles Linsmayer die Neu-Edition des Romans mit einer ausführlichen biographischen Skizze aus, die mit großer Sorgfalt und mit Feingefühl ein Psychogramm dieser verstörten Frau nachzeichnet.»
Beatrice Eichmann-Leutenegger «Vaterland», Luzern, 14. 10. 1987

Reprinted by Huber Nr. 2
Orlando Spreng: «Der Heimgekehrte» / «Il reduce»

«Und nun fängt man an zu lesen, staunt und liest begierig weiter. Ein Text aus einem Guß, kostbar, mit einem unvergleichlichen schweizerischen Flair und doch in der lombardischen Landschaft beheimatet; ein Buch voller Licht, Sinnlichkeit und Düfte, ein großer Roman, der atmet.»
Gertrud Raeber, «Aargauer Tagblatt», 4. 6. 1988

«Ein Roman aus dem Jahre 1941 ist in erstaunlicher Frische neu herausgekommen: ‹Il reduce› – ‹Der Heimgekehrte›.»
Olga Gloor, «Tages-Anzeiger», 29. 8. 1988

«‹Der Heimgekehrte› ist über weite Strecken hinweg ein Buch des Aufbruchs – dessen Offenheit und Suche nach neuen Horizonten in reizvollem Widerspruch steht zur eingeengten Grundstimmung seiner Entstehungszeit, der dunklen Jahre des Zweiten Weltkriegs. Besonders lobenswert an der gediegen aufgemachten Neuausgabe ist Charles Linsmayers umfangreicher Essay, der nicht nur Hintergrund und Entstehungsgeschichte des Romans erhellt, sondern darüber hinaus in eindrucksvoller Weise Gestalt und Werk Orlando Sprengs sichtbar zu machen vermag.»
Hanns Schaub, «Wir Brückenbauer», 15. März 1989

Reprinted by Huber Nr. 3
Cilette Ofaire: «Ismé, Sehnsucht nach Freiheit»

«L'Ismé retrouvé!»
Das «Journal de Genève» vom 15. 10. 1988 über einer Notiz betreffend die deutsche Neuausgabe von «Ismé».

«Es gehen einem nicht viele Bücher durch die Hände, die diese Art von innerer Stimmigkeit und Mit-sich-selber-im-Frieden-Leben ausstrahlen und die, davon ausgehend, ein Land, eine Landschaft mit Licht erfüllen, die sich dem Leser wie ein gemaltes Bild einprägen.»
Gertrud Raeber, «Aargauer Tagblatt», 7. 1. 1989

«Das Buch, ein ‹document humain›, das nichts von seiner ursprünglichen Frische und Spontaneität verloren hat, scheint direkt aus Cilette Ofaire herausgewachsen zu sein, prall gefüllt mit Leben und einer manchmal fast übermütigen Lebensfreude. Dank dem literarischen Spürsinn von Charles Linsmayer nimmt die ‹Ismé› als Symbol für die Sehnsucht

einer Frau nach grenzenloser, unbürgerlicher Freiheit mit ungebrochener Kraft wieder Kurs – auf die neuen Leserinnen und Leser.»
Barbara Traber, «Badener Tagblatt», 1. 10. 1988

Reprinted by Huber Nr. 4
Kurt Guggenheim, Werke I, «Die frühen Jahre»/ «Salz des Meeres, Salz der Tränen»

«Es kann von Bedeutung sein, wenn zum Gedächtnis ein Dossier kommt. Wir haben es nämlich mit einem der sanftmütigsten, unbarmherzigsten, souveränsten Stücke Schweizer Autobiographie zu tun – ‹mit einem biographischen Nachwort neu herausgegeben von Charles Linsmayer›. Der Zusatz ist nicht ganz unwichtig. Da ackert einer auf dem Feld der Schweizer Literatur. Er hat (wenn ich mich nicht täusche) eine Abneigung gegen die Ex- und Hopp-Mentalität des Geschäfts und fördert geradezu schatzgräbermäßig zutage, was so im Laufe der Saisonwechsel untergepflügt worden ist. Bei Charles Linsmayer handelt es sich um einen der sorgfältigsten und leidenschaftlichsten Herausgeber des Landes. Wobei man damit rechnen muß, nicht alles so kostbar zu finden wie er. Manche Nachworte sind besser als das, was sie feiern.»
Christoph Schneider, «Basler Zeitung», 1. 9. 1989

«Im Nachwort läßt uns Charles Linsmayer erleben, wie sich einfühlsame Werkanalyse und seriöse, nie auf Sensation machende Offenlegung von Hintergrundfakten zu einem Text ergänzen, der mehr als nur vorübergehenden Appetit auf eine Guggenheim-Biographie macht!»
Gustav Huonker, «Tages-Anzeiger», 6. 10. 1989

Reprinted by Huber Nr. 5
Robert de Traz, «Genfer Liebe 1913»

«Kein Zweifel, Clarissas Passion im doppelten Wortsinn kommt von sehr weit her. Aber es ist wie mit jenen feinen Kunstwerken unter Glassturz aus dem vorigen Jahrhundert – auf ihnen selbst liegt kein Staubkorn, die Einzelheiten sind von gestern, und doch wirkt das Ganze durchaus heutig. Ein Rezensent, der ‹La Puritaine et l'Amour› seinerzeit ‹abscheulich› fand, nannte den Roman eine ‹Madame Bovary à la sauce genevoise›. Falls man bereit ist, die saloppe Formulierung anders zu verstehen, läßt sich Robert de Traz kaum ein schöneres Kompliment machen.»
Ulrich Weinzierl, «Frankfurter Allgemeine Zeitung», 13. 3. 1990

«300 Druckseiten zieht sich der Liebes- und Gewissenskonflikt der Clarissa Damien geb. Bourgueil in der deutschsprachigen Ausgabe des Romans hin. Und das Erstaunliche: Keine dieser Seiten ist langweilig, keine wirkt antiquiert, keine moralisierend.»
Ursula Kägi, «Tages-Anzeiger», 12. 2. 1990

Reprinted by Huber Nr. 6
Gertrud Wilker: «Elegie auf die Zukunft»

«‹Ein Lesebuch› heißt der Untertitel, merkwürdig genau. Ein Buch zum Lesen, im Gegensatz zum bloßen Nachschlagewerk also, ein Buch auch, wonach Lesen gelernt wird. Gegenwartsliteratur lesen lernen können wir tatsächlich anhand der vielfältigen Texte Gertrud Wilkers, und dabei lernen wir staunen über die Zeitlosigkeit, die ihnen anhaftet, und die Nähe, die sie zu uns haben. Eindrücklich ist auch die Verschränkung von Leben und Schreiben bei Gertrud Wilker, auf welche das Nachwort von Beatrice Eichmann-Leutenegger immer wieder hinweist.»
Erika Wittwer, «Tages-Anzeiger», 13. 8. 1990

Reprinted by Huber Nr. 7
Monique Saint-Hélier: «Traumkäfig»

«Abgeschiedenheit von den Menschen, Religiosität und Naturfrömmigkeit, Versenkung in die eigenen Erinnerungen, die imaginativen Höhenflüge der freien Assoziation: Sämtliche Wesenszüge sind hier versammelt und werden diesem ‹Porträt der Künstlerin als junges Mädchen› eingezeichnet. (...) Die Immanenz des Todes verleiht der Prosa ihre unvergleichliche Dringlichkeit, die kein beschaulich-lineares Erzählen mehr zuläßt.»
Werner Morlang, «Tages-Anzeiger», 7. 1. 1991

«Mit literarischem Spürsinn und nie erlahmender Neugier, mit Engagement, Sympathie und Anteilnahme am Schicksal der im deutschen Sprachraum nahezu vergessenen Dichterin hat Charles Linsmayer sich Monique Saint-Hélier genähert, dem ‹scheuen Waldtier›, wie sie sich selbst bezeichnet hat.»
Barbara Traber, «Berner Zeitung», 26. 10. 1990

Reprinted by Huber Nr. 8
Felice Filippini: «Signore dei poveri morti»/«Herrgott der armen Seelen»

«Eine Erzählung über die Geburt der Erzählung aus dem Bedürfnis nach Absolution. Wer das für antiquiert hält, werfe den ersten Stein.»
Hermann Wallmann, «Basler Zeitung», 24. 5. 1991

Reprinted by Huber Nr. 9
Guy de Pourtalès: «Der wunderbare Fischzug»

«Das monumentale, erzählerisch ausgereifte Werk ist der Abgesang auf eine Gesellschaft und ein Jahrhundert, das zum Untergang verdammt war. So liest sich die Liebesgeschichte zwischen Paul und Louise in ihrer Verzweiflung wie ein Aufbegehren für eine bessere Welt.»
Peter M. Hetzel, «Schweizer Illustrierte», 17. 2. 1992

«Die Neuerscheinung dieses Romans ist in doppelter Hinsicht ein Ereignis. Es bedurfte mehr als eines halben Jahrhunderts, bis das Werk in der deutschsprachigen Edition eine Neuauflage erlebte. Als Ereignis darf Linsmayers Neuausgabe aber auch deshalb gelten, weil er den Text des Romans um eine hundertseitige, reich illustrierte Darstellung von Leben und Werk des Dichters ergänzt hat. Linsmayer hat umfangreiche Recherchen angestellt, ist den Quellen, unveröffentlichten Aufzeichnungen, Briefen und Tagebüchern nachgegangen und hat so ein überaus anschauliches Lebensbild von Guy de Pourtalès gezeichnet.»
Thomas Terry im Berliner «Tagesspiegel», 9. 2. 1992

«‹Der wunderbare Fischzug› ist ein Jahrhundertwerk, und wer es heute in Zürich, Basel oder in Bern liest, befindet sich auf einer Entdeckungsreise. Das Buch von Guy de Pourtalès hält den Vergleich mit Meinrad Inglins ‹Schweizerspiegel›, der fast gleichzeitig erschien, mühelos aus, und dieser Vergleich drängt sich auf. (...) Ein Roman wie ‹Der wunderbare Fischzug› stellt Ansprüche an seine Leserschaft, weil er Bildung voraussetzt und hohe Aufmerksamkeit verlangt. Doch just solche Anforderungen machen seinen eigentlichen Reiz aus. Die Lektüre wird nur dann zum aufwühlenden Erlebnis, wenn die Leserinnen und Leser ihre gesamten geistigen Kräfte versammeln müssen.»
Oskar Reck, «Basler Zeitung», 8. April 1992

Reprinted by Huber Nr. 10
Kurt Guggenheim, Werke II, «Sandkorn für Sandkorn»/«Riedland»

«In bescheiden ‹Biographisches Nachwort› geheißenen und eindrücklich illustrierten Essays des Herausgebers wird jeweils übers Biographische hinaus Schweizer Literaturgeschichte lebendig und einsehbar, auch in Zonen, wo manches im Dunkeln lag oder liegt.

(...) Auch ohne frühe preisgerichtliche Siegerehrung zählt Guggenheim zu den Großen der helvetischen Literaturszene und hat wie Inglin, Glauser oder Zollinger eine würdige postume Werkausgabe verdient. Daß sie mit Charles Linsmayer einen so kundigen Herausgeber fand, ist besonders erfreulich!»
Gustav Huonker, «Tages-Anzeiger», 20. 5. 1992

Reprinted by Huber Nr. 11
Alice Rivaz: «Wolken in der Hand»

«Kein Wunder denn, daß der Roman ‹Nuages dans la main›, der nach 52 Jahren nun unter dem Titel ‹Wolken in der Hand› erstmals auf deutsch greifbar wird, wesentlich moderner und provozierender anmutet als die Bücher von Ramuz, die sich mittlerweile wie Klassiker lesen.»
lsm., «Zofinger Tagblatt», 13. 11. 1992

«Das ausgezeichnete Nachwort ‹Zwischen innerer Einkehr und Offenheit für die Welt›, in dem Marianne Ghirelli Leben und Werk der Welschschweizer Schriftstellerin mit großem Einfühlungsvermögen darstellt, gibt Gelegenheit, sich eingehender mit Alice Rivaz zu befassen.»
Barbara Traber, «Badener Tagblatt», 5. 12. 1992

Reprinted by Huber Nr. 12
Kurt Guggenheim, Werke III, «Alles in Allem»

«Es gebe im Alltag sowenig wie in der Physik noch das ‹eigentlich Seiende›, sagt in ‹Alles in Allem› der Zürcher Unirektor Kleiner zu Einstein; der Mensch sei ‹wie das bewegte Elektron, das ein magnetisches Feld mit sich führt, das wieder auf den Strom zurückwirkt›. In dieser Wechselwirkung gebe es keine absolute Beziehung mehr: ‹Es ist alles in allem enthalten.» Diese ‹Ökologie der Agglomeration› (Guggenheim 1950) wird im Zürich-Roman zum Bauprinzip, das eine kühne Vielfalt der Figuren (271 laut Register!), der Handlungen und der Perspektiven ermöglicht. Verzürchert vielfältig wird so mit der idealen Polis zugleich der polyphone Roman, der sie beschwört.»
Daniel Rothenbühler, «Tages-Anzeiger», 11. 1. 1996

«Der Zeitzeuge Guggenheim kannte sich aus. In uns, in unsereinem. Und das tut wohl. Manche, die betrübt sind wegen der Vorwürfe, wegen der Anwürfe, wegen einer Schuld auch, sollten sich gerade jetzt an Guggenheim halten. ‹Alles in Allem›, auch wenn man nichts zu lachen hat, läßt einen wieder atmen.»
Hans Boesch in der «Weltwoche» vom 19. 6. 1997

Reprinted by Huber Nr. 13
Werner Renfer: «Hannebarde»

«Renfer ist ein Meister, wenn es um die Beschreibung der kleinlichen Mentalität seiner Heimat geht. Und man weiß, wie in jener Schilderung der ‹Vereinigung für eine saubere und sittliche Stadt› in der Erzählung ‹Hannebarde›, was die Leute bewegt. ‹Es ist das erste Mal, daß man ein Boot auf dem Fluß erblickt, und auf dem Boot flattert unbegreiflicherweise ein rotes Segel.»
Tove Soiland, «Zürichsee-Zeitung», 21. 11. 1998

Reprinted by Huber Nr. 14
Guido Looser, «Nur nie jemandem sagen, wohin man reist»

«Wie konnte ein solch großer Meister der kleinen Prosa nur völlig vergessen werden?»
Walter Buckl, «Tages-Anzeiger», 3. 11. 1998

«Man hat im Verborgenen einen Dichter entdeckt und ist dem Herausgeber dankbar dafür.»
Beatrice Eichmann-Leutenegger, «Neue Luzerner Zeitung», 6. 11. 1998

Reprinted by Huber Nr. 15
Walter Ackermann, «Flug mit Elisabeth» und andere Aviatica

«In seinem aufschlußreichen biographischen Essay ‹Liebe und Tod am Himmel Europas› befaßt sich der Herausgeber mit Leben und Wirken des Autors, der zu den richtungsweisenden Pionieren des schweizerischen Luftverkehrs zählt. Dominieren im Roman die oftmals von innerer Dramatik vibrierenden fiktionalen und stimmungshaften Elemente, so sind die Texte ‹Ein Verkehrsflieger erzählt› von Authentizität und Detailtreue bestimmt.

Das Ahnungsvolle, das beide Werke gleichermaßen durchdringt, bezieht sich auf den düsteren zeitgeschichtlichen Hintergrund, aber auch auf das tragische Schicksal des Verfassers. Dieser starb, zusammen mit dem Bordfunker und vier Passagieren, als er am 20. Juli 1939 bei einer versuchten Notlandung in Konstanz abstürzte.»
Hanns Schaub, «Basler Zeitung», 13. 11. 1999

Reprinted by Huber Nr. 16
Kurt Guggenheim, Werke IV, «Minute des Lebens» / «Der heilige Komödiant»

«Guggenheim bemüht sich, den gegensätzlichen Tendenzen seiner Protagonisten gerecht zu werden, indem er einen fiktiven Jugendfreund der beiden als Erzähler einsetzt. Aber die stärksten Passagen des Buches gehören dennoch Cézanne. Gehören vielmehr der Wahrnehmung von dessen Gemälden durch den ungeschulten und unverdorbenen Blick des fiktiven Erzählers, dieses mit dem Kunstbetrieb nicht vertrauten, in Kunstfragen «naiven» Arztes, der die Bilder des noch völlig unbekannten und, wie es damals schien, auf die Dauer erfolglosen Cézanne auf eine unvergeßliche Art beschreibt: als wäre er mit ihnen allein auf der Welt.

Das Wort, das in ‹Minute des Lebens› hinter dem Bild völlig verblaßt, triumphiert dafür in ‹Der heilige Komödiant›. Allerdings nicht die zielgerichtete Sprache Zolas; das Wort erscheint in diesem Buch als Gefäß einer höheren, einer göttlichen Wahrheit, eines Ethos, das über die Kunst hinausgeht; deshalb vermag es auch eine geheimnisvolle Wirkung auf die Menschen zu gewinnen.»
Elsbeth Pulver, NZZ, 6. 1. 2000

Reprinted by Huber Nr. 17
Regina Ullmann: «Ich bin den Umweg statt den Weg gegangen». Ein Lesebuch.

«Charles Linsmayer, unermüdlich auf der Suche nach lohnenden Ausgrabungen, hat Ullmanns wichtigste Texte (Erzählungen, ein expressionistischer Einakter, Briefe und Selbstbeschreibungen) unter dem Titel ‹Ich bin den Umweg statt den Weg gegangen› in der Reihe ‹Reprinted by Huber› wieder zugänglich gemacht und sie mit einem längeren biographischen Nachwort versehen. Denn über Regina Ullmanns Texte zu schreiben, läßt einen fast reflexartig ihre Lebensgeschichte zu Hilfe nehmen; nicht, weil die Texte offen autobiographisch sind, eher im Gegenteil: weil sie so viel Verschüttetes, so viel existenzielle Tragik in sich bergen und verschweigen, daß ihre Lebensgeschichte dagegen fast nachvollziehbar scheint.»
Ruth Schweikert, «Tages-Anzeiger», 21. 07. 2001

Reprinted by Huber Nr. 18
Charles-Albert Cingria: «Ja, jeden Tag neu geboren werden ...»

«Die längst fällige Wiederentdeckung von Charles-Albert Cingria! ‹Ich bin Konstantinopolitaner›, sagte der 1883 geborene und 1954 verstorbene Charles-Albert Cingria von sich, bezeichnete sich gelegentlich auch als ‹levantinischen Italo-Franken› und Türken und mochte es gar nicht, wenn man ihn (wegen seiner Genfer Kindheit) ‹Schweizer› oder gar ‹Schweizer Fabulierer› nannte. Trotz so mancher liebenswürdigen Äußerung gegenüber der Schweiz stand doch sein Urteil fest: Sie ist ein ‹riesiges Irrenhaus›. Seine Heimat

war die Fremde, sein Element das Unterwegssein. Ein Flaneur und Wanderer durch die Welten. Sicher nicht ganz aus freien Stücken; denn bereits im Alter von acht Jahren verlor er seinen Vater. Es folgte, wie Charles Linsmayer im Anhang des Bandes schreibt, «die Vertreibung aus dem mütterlichen Paradies in die mönchische Welt eines katholischen Internats». Diese beiden Ereignisse sind ein wichtiger Schlüssel für die Deutung seiner Gelehrsamkeit einerseits – die Welt der Bücher übernimmt eine maßgebliche Rolle in der Selbstfindung – und seines Aufbegehrens gegen alle Formen von Identität und Rollenzuweisung andererseits. Er selbst spricht von «Sauvagerie», Wildheit und Ungebärdigkeit. Eine Auflehnung, die jedoch nicht frei ist von Respekt gegenüber dem, was er im Internat gelernt habe: ‹... eine Haltung, ... eine Vereinbarung von Boden, Himmel und einem selbst, von vergangenen Zeiten und Zeitgenossenschaft, in einer menschlichen und wohlausgewogenen Lebensführung›».
Hans-Jürgen Heinrichs, «Der Bund», 03. 11. 2001

Reprinted by Huber Nr. 19
Kurt Guggenheim, Werke V, «Der goldene Würfel»/«Das Zusammensetzspiel»

«‹Der goldene Würfel› (1967) erzählt von einem Bankbeamten, dem der Sinn seiner Berufswelt abhanden kommt und der sich in eine alternative Utopie träumt;‹Das Zusammensetzspiel› (1977) beschreibt aus der Sicht eines etwas schrulligen Verhaltensforschers die Welt der Mieter im Spannungsverhältnis zur besitzenden Klasse. Von höchster Akribie und Sachkenntnis zeugt das über 50seitige, illustrierte Nachwort Charles Linsmayers, der für die gesamte Reihe «Reprinted by Huber» (bisher 19 Bände) verantwortlich zeichnet.»
Manfred Papst, NZZ am Sonntag, 29. 12 .2002

Reprinted by Huber Nr. 20
Hugo Marti: «Die Tage sind mir wie ein Traum». Das erzählerische Werk

«Das erzählerische Werk Hugo Martis gehört zum Welthaltigsten, das die Schweizer Literatur im 20. Jahrhundert hervorgebracht hat.»
Matthias Peter, St. Galler Tagblatt, 17. 01. 2004

«Einen vorzüglichen Einblick in Hugo Martis Leben und Werk vermittelt nun der 20. Band der Reihe ‹Reprinted by Huber›, der zugleich als hundertstes Buch erscheint, welches Charles Linsmayer als verdienstvoller Herausgeber betreut hat. In seinem ausführlichen Nachwort begegnet man einem vielschichtigen Hugo Marti. Nahe Freunde berichten von erregten Aufwallungen und Zornesausbrüchen, die sonst unter der disziplinierten Glätte schlummerten. Die Polarität ‹zwischen dem Weichen und Festen, zwischen Anmut und Strenge› bestimmte diesen Mann, wie dies sein erster Verleger, Walter Lohmeyer, im Nekrolog prägnant geäußert hat.»
Beatrice Eichmann-Leutenegger, NZZ, 11. 02. 2004

Reprinted by Huber Nr. 21
Edmond Fleg: «Das Prophetenkind»

«Edmond Fleg, 1874 in Genf als Edmond Flegenheimer geboren, 1963 gestorben in Paris, wohin es ihn schon früh gezogen hatte, ist heute weitgehend vergessen. Gelegentlich taucht sein Name noch in Zusammenhang mit Opern auf (er hat eine Reihe von Libretti geschrieben). Charles Linsmayer hat den Roman für das deutschsprachige Publikum wieder entdeckt, Giò Waeckerlin-Induni hat ihn in ein schlankes Deutsch übertragen. – Fleg, das zeigt Linsmayer in seiner umfangreichen, akribisch recherchierten Biographie anschaulich, war ein unermüdlicher Vermittler zwischen Judentum und Christentum. Anders als seine Romanfigur Claude hatte er eine strenge jüdische Erziehung erfahren, sich aber bald ziemlich weit vom Judentum abgewandt. Erst die Dreyfus-Affäre, die auch ein Indikator für den französischen Antisemitismus war, brachte ihn zu seinem ursprünglichen

Glauben zurück. Als Autor bearbeitete er denn auch vorwiegend jüdische Themen, er schrieb Biographien religiöser Gestalten, über Moses und Salomon, und sogar ein Werk unter dem Titel ‹‹Jésus, raconté par le Juif Errant›.»
Martin Zingg, NZZ, 14. 04. 2004

Reprinted by Huber Nr. 22
Kurt Guggenheim: Werke 6: «Wilder Urlaub»/«Wir waren unser vier»

«Ohne Pathos, nüchtern und akribisch zeichnete der Autor das Bild der Schweiz, wie er es in frischer Erinnerung hatte. Ein eindrückliches, atmosphärisch dichtes, durch und durch ‹helvetisches› Buch mit unerwarteter Nebenwirkung: Plötzlich verstehen wir unsere Väter oder Großväter besser, wenn sie vom beschwerlichen ‹Aktivdienst› erzählen.»
Irene Perost, «Der Blick», 21. 12. 2005

Reprinted by Huber Nr. 23
Suzanne Deriex: «Das Kind und der Tod»

«Die Romandie erlebte im 20. Jahrhundert einen Boom von guten Schriftstellerinnen: Catherine Colomb, Alice Rivaz, Monique Saint-Hélier und Yvette z'Graggen. Nun kommt für Deutschschweizer Leser ein neuer Name dazu: Suzanne Deriex. Die Arzttochter wird 1926 in Yverdon geboren, studiert Theologie und Mathematik. 1949 heiratet sie einen Neffen von C. F. Ramuz, 1961 veröffentlicht sie ihren ersten Roman. Und noch heute sitzt die 80jährige, fast erblindete Autorin am Schreibtisch und arbeitet an ihrem nunmehr zehnten Werk. Aber erst jetzt gibt es erstmals etwas von ihr auf deutsch zu lesen: ‹Das Kind und der Tod›. Erschienen ist die autobiographische Kindheitsgeschichte in der Reihe Reprinted des Huber-Verlags, in der Charles Linsmayer ältere Schweizer Texte neu ediert und schon manche versunkene Perle wieder ans Tageslicht gehoben hat.»
Corina Caduff, «Facts», 21. 12. 2006

Reprinted by Huber Nr. 24
William Wolfensberger,
«Eingeklemmt zwischen Unmöglichkeit und Sehnsucht». Ein Lesebuch

«‹Warum haben alle Menschen Frage-Augen? Antworte, Leben! Antworte!›» Der Mann, der solches bereits als Schüler schrieb, fand nie die Antworten, die er suchte. William Wolfensberger, Pfarrer und Schriftsteller, goß sein Suchen in Prosa, in Gedichte, in Predigten. Eine Auswahl der Werke dieses gemäß Nachwort ‹vielleicht verlorensten und vergessensten› unter allen Schweizer Schriftstellern haben Rudolf Probst und Charles Linsmayer in einer sorgfältigen Edition wieder zugänglich gemacht. Deren Titel ist einem Brief Wolfensbergers entnommen. Er sei «wie eingeklemmt zwischen der großen Unmöglichkeit und meiner Sehnsucht» – der Sehnsucht eines sehr unkonventionellen Gott- und Sinnsuchers.»
Andrea Bollinger, «Bund», 11. 3. 2008